Valli Little

Himmlische Verführung

Kuchen, Törtchen und Desserts mit wenig Aufwand

Aus dem Englischen von Renate Christ

Jan Thorbecke Verlag

Willkommen

Ich gehöre zu den Menschen, die in einem Restaurant oft zuerst die Dessertkarte studieren, bevor sie sich für ein Hauptgericht entscheiden, und wenn ich zu Hause Gäste bewirte, ist mir der Nachtisch gleichermaßen wichtig. Wenn Sie ein Abendessen oder einen besonderen Anlass mit etwas Spektakulärem abschließen, zum Beispiel mit einem Brotauflauf mit Rum und Schokolade oder einer klebrigen Toffee-Tarte mit Karamellsoße, dann können Sie sicher sein, dass jeder Gast mit einem Lächeln im Gesicht nach Hause geht.
Wir haben 60 unserer liebsten süßen Rezepte aller Zeiten gesammelt, darunter viele klassische Kuchen, köstliche Eiscremes und sogar Desserts, bei denen Herd und Backofen kalt bleiben. Ich bin mir sicher, dass Sie sich diesen leicht nachvollziehbaren Rezepten zuwenden werden, wann immer es Zeit ist zu genießen.

Viel Vergnügen!

Valli

Inhalt

Schokolade

Puddings und Aufläufe

Obst

Kuchen und Gebäck

Gekühlte Desserts

Eiscreme

Schummel-Schokoladen-Karamell-Törtchen

1 Rezeptmenge Schokoladen-Mürbteig oder 1 300-g-Packung fertiger dunkler Schokoladen-Mürbteig
200 g hochwertige dunkle Schokolade, gehackt
1 450-g-Glas Dulce de Leche (Milchkonfitüre, s. S. 16)
Meersalzflocken zum Bestreuen

Schokoladen-Mürbteig
200 g Mehl
2 EL Kakaopulver
40 g Puderzucker
125 g kalte Butter in Stückchen
1 Eigelb

6 Stück

Wenn Sie den Teig selbst zubereiten, vermischen Sie das Mehl, den Kakao und den Puderzucker im Blitzhacker. Die Butter hinzufügen und so lange mixen, bis feine Krümel entstehen. Das Eigelb und 2 TL kaltes Wasser hinzufügen und so lange mixen, bis sich die Zutaten zu einem glatten Teigklumpen verbinden. In Frischhaltefolie wickeln und vor dem Ausrollen 30 Minuten lang kalt stellen.

Den Backofen auf 180 °C vorheizen. 6 Tarteförmchen mit 10 cm Durchmesser und herausnehmbarem Boden dünn einfetten. Den Teig 5 mm dünn ausrollen. Mit dem Teig die Tarteförmchen auskleiden, überstehenden Teig abschneiden. Die Tarteböden 10 Minuten lang kalt stellen.

Die Tarteböden mit Backpapier belegen und mit Blindbackbohnen oder ungekochtem Reis beschweren. Anschließend 7 Minuten lang backen. Papier und Bohnen bzw. Reis entfernen und die Tarteböden für weitere 2 Minuten in den Ofen schieben. In den Förmchen vollständig erkalten lassen.

Die Schokolade in eine hitzebeständige Schüssel geben und diese auf einen Topf mit leicht siedendem Wasser setzen (die Schüssel darf das Wasser nicht berühren). So lange rühren, bis die Schokolade geschmolzen und glatt ist. Vom Topf nehmen und etwas abkühlen lassen.

Mit einer Palette die Dulce de Leche auf die Tarteböden streichen. Anschließend mit der flüssigen Schokolade übergießen. Dabei die Törtchen behutsam schwenken, damit das Karamell vollständig von Schokolade bedeckt wird. Bei Zimmertemperatur abkühlen und fest werden lassen. Sobald die Schokolade fest ist, die Törtchen mit den Meersalzflocken bestreuen und servieren.

Schokoladenpudding mit flüssigem Kern

60 g Butter
125 ml Milch
1 TL Vanilleextrakt
165 g Zucker
150 g Mehl, gesiebt
1 ½ TL Backpulver
2 EL Kakaopulver, gesiebt, und zusätzlich zum Bestäuben
185 g brauner Zucker
Crème double zum Servieren

4–6 Portionen

Den Backofen auf 180 °C vorheizen. Eine Auflaufform mit 1,5 l Fassungsvermögen einfetten.

Die Butter mit der Milch in einem Topf bei milder Hitze schmelzen lassen. Den Vanilleextrakt, den Zucker, das Mehl, das Backpulver und 1 EL Kakaopulver hinzufügen und alles miteinander verrühren. Anschließend in der Auflaufform verteilen.

Den braunen Zucker und den restlichen EL Kakaopulver in einer Schüssel mit 500 ml kochendem Wasser vermischen. So lange rühren, bis sich der Zucker aufgelöst hat. Vorsichtig über den Puddingteig gießen. 35–40 Minuten lang backen, bis die Oberseite fest ist. 5 Minuten lang ruhen lassen.

Mit Kakaopulver bestäuben und mit der Crème double servieren.

Baci-Kekse

40 g weiche Butter
1 Ei
1 400-g-Glas Nutella oder ein anderer Haselnuss-Brotaufstrich
185 g Mehl, gesiebt
2 TL Backpulver
Kakaopulver zum Bestäuben

25 Stück

Den Backofen auf 180 °C vorheizen. Zwei große Backbleche mit Backpapier belegen.

Die Butter, das Ei und 235 g Nutella in einer Schüssel mit dem elektrischen Handrührgerät 2–3 Minuten lang dick aufschlagen. Unter ständigem Rühren nach und nach das Mehl und das Backpulver hinzufügen, bis ein klebriger Teig entsteht.

Mit bemehlten Händen 1 TL Teig zu einer Kugel formen. Diesen Vorgang so oft wiederholen, bis es 50 Kugeln sind. Diese mit 2 cm Abstand auf die Backbleche setzen und 6–7 Minuten lang backen, bis sie sich fest anfühlen. Auf einem Kuchengitter erkalten lassen.

Mit dem restlichen Nutella 25 Kekse bestreichen und mit den übrigen 25 Keksen zusammensetzen. Mit Kakaopulver bestreut servieren. Diese Kekse halten sich in einem luftdicht verschließbaren Behälter 3 Tage lang.

Schokoladenkuchen »Das kleine Schwarze«

500 g hochwertige dunkle Schokolade, gehackt
125 g Butter in Stückchen
6 Eier, getrennt
90 g Zucker
150 ml Crème double
2 EL brauner Rum oder Weinbrand
1 TL Vanilleextrakt
essbares Blattgold oder -silber zum Servieren

Schokoladenganache
450 g hochwertige dunkle Schokolade, gehackt
175 g Butter
600 ml Crème double
90 g Glukosesirup

8–10 Portionen

Den Backofen auf 180 °C vorheizen. Eine Springform mit 24 cm Durchmesser einfetten, den Boden mit Backpapier belegen.

Die Schokolade und die Butter in eine hitzebeständige Schüssel geben und diese auf einen Topf mit leicht siedendem Wasser setzen (die Schüssel darf das Wasser nicht berühren). So lange rühren, bis beides geschmolzen und miteinander vermischt ist. Vom Topf nehmen und etwas abkühlen lassen. Die Eigelbe und den Zucker so lange schlagen, bis eine dicke und hellgelbe Masse entstanden ist. Die Crème double, den Rum oder Weinbrand, den Vanilleextrakt und die abgekühlte Schokoladenmischung unterrühren. Die Eiweiße in einer großen, sauberen, trockenen Schüssel halbsteif schlagen. Den Eischnee in drei Portionen mit einem Metalllöffel behutsam unter die Schokoladenmischung heben. In der vorbereiteten Backform verteilen und 25 Minuten lang backen. An einem Spieß, den man in die Mitte steckt, sollen beim Herausziehen ein paar feuchte Krümel haften. In der Form auf einem Kuchengitter vollständig erkalten lassen.

Für die Ganache die Schokolade und die Butter in eine hitzebeständige Schüssel geben, auf einen Topf mit leicht siedendem Wasser setzen und unter Rühren schmelzen lassen. Die Crème double und den Glukosesirup in einen Topf geben und bis kurz vor den Siedepunkt erhitzen. Zur Schokoladenmischung gießen und glatt rühren. 30 Minuten lang kalt stellen bzw. so lange, bis die Masse dickflüssig ist. Den Kuchen aus der Form zu lösen. Die Ganache nochmals behutsam erhitzen und den Kuchen damit bestreichen. Mit Blattsilber oder -gold dekorieren.

Schokoriegel-Trifle

6 Blatt Gelatine
250 g Zucker
30 g Kakaopulver
100 ml Pedro Ximénez (süßer spanischer Sherry) oder Marsala (italienischer Likörwein)
12 Löffelbiskuits (ca. 120 g), in Stücke gebrochen
4 Schokoriegel à 60 g, z. B. Mars
350 ml Milch
300 ml Sahne, geschlagen

4–6 Portionen

4 Blatt Gelatine 5 Minuten lang in kaltem Wasser einweichen.

In der Zwischenzeit den Zucker mit 250 ml Wasser in einen Topf geben und bei milder Hitze so lange rühren, bis sich der Zucker aufgelöst hat. Mittlere Hitze einstellen und die Zuckerlösung 4 Minuten lang köcheln lassen, bis sie etwas eindickt. Dann den Kakao unterrühren.

Die Gelatine gut ausdrücken und zum Sirup geben. So lange rühren, bis sich die Gelatine aufgelöst hat. Den Sherry oder Marsala gründlich unterrühren. Durch ein Sieb gießen und etwas abkühlen lassen.

Die Löffelbiskuits in ein passendes Glas geben. Mit dem Kakaosirup übergießen und die Kekse dabei gut herunterdrücken. Abgedeckt für 2–3 Stunden zum Festwerden in den Kühlschrank stellen.

Für die zweite Schicht die verbliebenen 2 Gelatineblätter ebenfalls 5 Minuten lang in kaltem Wasser einweichen. In der Zwischenzeit 3 Riegel zerkleinern und mit der Milch in einem Topf bei milder Hitze unter Rühren so lange erwärmen, bis sie geschmolzen sind. Die Gelatine gut ausdrücken, zur Milchmischung geben und so lange rühren, bis sie sich aufgelöst hat. Etwas abkühlen lassen, dann über die gekühlte Schicht gießen und das Ganze für weitere 1–2 Stunden in den Kühlschrank stellen, bis das Trifle fest ist.

Zum Servieren die geschlagene Sahne auf dem Trifle verteilen und mit den restlichen in Scheiben geschnittenen Schokoriegeln belegen.

Dulce-de-Leche-Brownies

200 g dunkle Schokolade, gehackt
250 g Butter in Stückchen
385 g brauner Zucker
4 Eier
200 g Mehl
¼ TL Backpulver
35 g Kakaopulver
1 450-g-Glas Dulce de Leche*

12 Stück

Den Backofen auf 180 °C vorheizen. Eine quadratische Backform mit 22 cm Seitenlänge einfetten und mit Backpapier auskleiden, dabei reichlich Papier überstehen lassen.

Die Schokolade und die Butter in einem kleinen Topf bei milder Hitze aufsetzen und unter Rühren so lange erwärmen, bis beides geschmolzen und miteinander vermischt ist. In eine Schüssel umfüllen und den braunen Zucker sowie die Eier unterrühren. Das Mehl, das Backpulver und den Kakao in die Schüssel sieben und behutsam unterrühren. Die Hälfte der Masse in die vorbereitete Backform füllen.

Mit einem Teelöffel 8 Kleckse Dulce de Leche auf den Teig in der Backform geben. Mit einem Holzspieß das Karamell behutsam über der Schokolade verteilen (aber fahren Sie nicht durch die Masse, weil sonst die Brownies misslingen). Den restlichen Teig in die Form füllen und den Vorgang mit weiteren 8 TL Dulce de Leche wiederholen.

Den Kuchen 35–40 Minuten lang backen bzw. so lange, bis er fest ist (die Dulce de Leche wird flüssig bleiben). Aus dem Backofen nehmen und etwas abkühlen lassen. Mit einem Messer am Rand der Backform entlangfahren, um den Kuchen zu lösen, dann mit Hilfe des Backpapiers die Platte aus der Backform heben. In 12 Quadrate schneiden und warm oder kalt mit der restlichen Dulce de Leche servieren.

* Fertige Dulce de Leche (südamerikanische Milchkonfitüre) ist in Feinkostläden oder übers Internet erhältlich.

Schokoladenküchlein mit flüssigem Kern

250 g weiche Butter
250 g brauner Zucker
4 Eier
150 g Mehl
50 g Kakaopulver
6 Schokoladentrüffel (z. B. Lindor-Kugeln von Lindt), gekühlt
Puderzucker und flüssige Sahne oder Eiscreme zum Servieren

6 Portionen

Den Backofen auf 180 °C vorheizen und 6 feuerfeste Förmchen (à 185 ml Inhalt) einfetten.

Die Butter und den braunen Zucker in einer Schüssel mit dem elektrischen Handrührgerät schaumig rühren. Die Eier einzeln hinzufügen und jeweils gründlich unterschlagen. Das Mehl und das Kakaopulver über die Schaummasse sieben und mit einem Metalllöffel behutsam unterheben.

Die Hälfte der Masse auf die Förmchen verteilen und in jedes mittig einen Trüffel setzen. Mit der restlichen Masse bedecken und 20 Minuten lang backen bzw. so lange, bis sie sich gerade fest anfühlen.

Die Küchlein 5 Minuten ruhen lassen, dann mit Puderzucker bestäuben und mit Sahne oder Eiscreme servieren.

Schokoladen-Haselnuss-Tarte

1 300-g-Packung dunkler Schokoladen-Mürbteig oder 1 Rezeptmenge Schokoladen-Mürbteig (s. S. 6)
250 ml Sahne
60 g Butter in Stückchen
60 ml heller Maissirup, Glukosesirup oder heller Zuckerrübensirup
220 g Zucker
350 g Haselnüsse, geröstet, die Häutchen entfernt
50 g dunkle Schokolade, gehackt

6–8 Portionen

Den Mürbteig 5 mm dünn ausrollen und eine Tarteform mit 28 cm Durchmesser und herausnehmbarem Boden damit auskleiden. 30 Minuten lang kalt stellen. Den Backofen auf 180 °C vorheizen. Den Teig mit Backpapier abdecken und dieses mit Blindbackbohnen oder ungekochtem Reis beschweren. Den Tarteboden 10 Minuten lang blindbacken, anschließend Papier und Bohnen bzw. Reis entfernen und weitere 5 Minuten lang backen, bis der Teig trocken ist. Abkühlen lassen.

Die Sahne und die Butter in einen Topf geben und bei mittlerer Hitze bis kurz vor den Siedepunkt erhitzen. Vom Herd ziehen und beiseite stellen. Den Sirup mit 80 ml Wasser in einen separaten Topf geben und mit dem Zucker bestreuen. Bei mittlerer Hitze aufsetzen und unter gelegentlichem Rühren so lange erhitzen, bis sich der Zucker aufgelöst hat und die Flüssigkeit klar ist. Die Herdplatte auf hohe Stufe stellen und den Sirup ohne umzurühren so lange kochen lassen, bis er goldgelb bzw. honigfarben ist. Vom Herd ziehen und vorsichtig die Sahnemischung unterrühren. Den Topf bei milder Hitze wieder aufsetzen und umrühren, um eventuell vorhandene harte Karamellstückchen aufzulösen. Die Nüsse hinzufügen und 1 Minute lang erhitzen. Die Mischung auf den Tarteboden geben und 17–20 Minuten lang backen, bis die Füllung fest ist.

Kurz vor dem Servieren die Schokolade in einer hitzebeständigen Schüssel über einem Topf mit siedendem Wasser (die Schüssel darf das Wasser nicht berühren) schmelzen lassen. Mit einem Löffel die Schokolade schnell linienförmig über die Tarte träufeln.

Mini-Windbeutel mit Eis und Schokoladensoße

300 ml Vanilleeis
30 gekaufte Mini-Windbeutel*, aufgeschnitten
250 g hochwertige dunkle Schokolade, grob gehackt
125 ml Sahne
1 Schuss Cognac oder Weinbrand

30 Stück

Das Vanilleeis 30 Minuten lang im Kühlschrank antauen lassen. Die Windbeutel mit je einer kleinen Kugel weich gewordenem Eis füllen und auf einem Tablett ins Tiefkühlfach stellen. Diesen Arbeitsschritt können Sie eine Woche im Voraus ausführen.

Kurz vor dem Servieren die Schokolade, die Sahne und den Alkohol in einen Topf geben und bei milder Hitze so lange erwärmen, bis die Schokolade geschmolzen ist. Die Zutaten behutsam miteinander verrühren und zum Servieren die warme Soße über die Windbeutel träufeln.

* Mini-Windbeutel sind in italienischen Lebensmittelgeschäften und ausgewählten Supermärkten erhältlich.

Schokoladen-Karamell-Schnitte

250 g Butterkekse
70 g zerlassene Butter
250 ml Crème double
250 g Karamellaufstrich
250 g hochwertige dunkle Schokolade, gehackt
4 Eigelb
1 EL Olivenöl

12 Stück

Eine rechteckige Backform (26 × 18 cm) einfetten und mit Backpapier auskleiden, an den Rändern etwas Papier überstehen lassen.

Die Kekse im Blitzhacker zerkleinern, dann die Butter hinzufügen und gründlich untermischen. In die Backform geben und gut auf dem Boden festdrücken. Für ca. 15 Minuten in den Kühlschrank stellen, damit der Keksboden fest wird.

Die Crème double und das Karamell in einen Topf geben und bei milder Hitze unter Rühren so lange erwärmen, bis beides miteinander vermischt und heiß ist. Vom Herd ziehen, 120 g Schokolade hinzufügen und glatt rühren.

Die Eigelbe in einer Schüssel verquirlen, anschließend nach und nach die heiße Karamellmischung unterschlagen. Diese Mischung über den Keksboden gießen und für 2–3 Stunden in den Kühlschrank stellen, bis sie abgekühlt und fest ist.

Die restliche Schokolade mit dem Olivenöl in eine hitzebeständige Schüssel geben und auf einen Topf mit siedendem Wasser setzen (die Schüssel darf das Wasser nicht berühren). Schmelzen lassen und glatt rühren. Zum Abkühlen beiseite stellen. Über die Karamellschicht gießen und für 30 Minuten in den Kühlschrank stellen bzw. so lange, bis die Schokolade fest ist.

Mit Hilfe des überstehenden Backpapiers die Platte vorsichtig aus der Form heben. Mit einem in heißes Wasser getauchten Messer die Platte in 12 Riegel schneiden. In einem luftdicht verschließbaren Behälter halten sie sich im Kühlschrank 2 Tage lang.

Kühlschrankkuchen

- 150 g entsteinte Trockenpflaumen, grob gehackt
- 80 ml Pedro Ximénez* und zusätzlich zum Servieren
- 250 g Butterkekse, grob zerkleinert
- 100 g rohe Pekannüsse, gehackt
- 100 g ungesalzene Pistazien, gehackt
- 15 (ca. 50 g) kandierte Kirschen
- 150 g Butter in Stückchen
- 5 EL Golden Syrup, ersatzweise heller Rübensirup
- 500 g dunkle Schokolade, gehackt
- Kakaopulver zum Bestäuben

8–10 Portionen

Eine Kastenkuchenform (25 × 10 cm) mit Frischhaltefolie auskleiden und dabei an den Seiten Folie zum Abdecken überhängen lassen.

Die Trockenpflaumen mit dem Sherry in eine kleine Schüssel geben und 2–3 Stunden lang einweichen.

Die Kekse, die Nüsse, die Pistazien und die kandierten Kirschen in einer Schüssel vermischen.

Die Butter, den Sirup und die Schokolade in eine hitzebeständige Schüssel geben und diese auf einen Topf mit siedendem Wasser setzen (die Schüssel darf das Wasser nicht berühren). So lange behutsam rühren, bis die Schokolade geschmolzen ist. Vom Topf nehmen. Die Keksmischung und die Trockenpflaumen samt Einweichflüssigkeit hinzufügen und gründlich unterrühren. Die Masse in die Form geben und gut festdrücken, damit eventuell vorhandene Luftbläschen entfernt werden. Mit der überhängenden Frischhaltefolie abdecken und für mindestens 4 Stunden, am besten über Nacht, in den Kühlschrank stellen.

Auf eine Servierplatte stürzen und unmittelbar vor dem Servieren mit Kakaopulver bestäuben. In 2 cm dicke Scheiben schneiden und mit einem Gläschen Sherry servieren. In einem luftdicht verschließbaren Behälter hält sich der Kuchen im Kühlschrank 1 Woche lang.

* Pedro Ximénez ist ein süßer spanischer Sherry, der in ausgewählten Getränkehandlungen erhältlich ist.

Klassische Schokoladentöpfchen

125 ml flüssige Sahne und zusätzlich geschlagene Sahne zum Servieren
125 ml Milch
100 g hochwertige dunkle Schokolade, gehackt, und zusätzlich Schokoladenspäne zum Bestreuen
3 Eigelb
2 EL Zucker
1 TL Vanilleextrakt

4 Stück

Den Backofen auf 160 °C vorheizen.

Die Sahne und die Milch in einem Topf bei milder bis mittlerer Hitze aufsetzen und bis kurz vor den Siedepunkt erhitzen. Die Schokolade hinzufügen und so lange rühren, bis sie gerade geschmolzen ist, dann den Topf von Herd nehmen.

Die Eigelbe, den Zucker und den Vanilleextrakt in einer Schüssel mit einem Schneebesen vermischen. Die Schokoladenmischung nach und nach hinzufügen und gründlich unterrühren. Durch ein feines Sieb in einen Krug gießen, anschließend in 4 hitzebeständige Dessertgläser oder Förmchen mit je 200 ml Fassungsvermögen füllen. Diese in einen Bräter setzen und so viel heißes Wasser einfüllen, dass die Gläser bzw. Förmchen zur Hälfte davon bedeckt sind.

25 Minuten lang garen bzw. so lange, bis die Masse gerade fest, aber noch ein bisschen wabbelig ist. Aus dem Wasserbad nehmen und zum Abkühlen beiseite stellen. Mindestens 4 Stunden lang bzw. bis zum Servieren kalt stellen.

Zum Servieren auf die Schokoladentöpfchen je einen Klecks Schlagsahne geben und mit Schokoladenspänen bestreuen.

Klebrige Mokkaküchlein mit Schokoladen-Toffee-Soße

170 g entsteinte Datteln
1 TL Natron
90 g weiche Butter
125 g brauner Zucker
2 TL Vanilleextrakt
2 Eier, verquirlt
175 g Mehl
2 TL Backpulver
2 TL Kaffeeessenz*
200 g dunkle Schokolade, fein gehackt
Vanille- oder Haselnusseis zum Servieren

Soße

175 g brauner Zucker
125 g Butter
150 ml Sahne
50 g dunkle Schokolade, gehackt

6–8 Portionen

Den Backofen auf 180 °C vorheizen. Ein runde Backform mit 24 cm Durchmesser einfetten und mit Backpapier auskleiden.

Die Datteln und das Natron in eine Schüssel geben und mit 175 ml kochendem Wasser übergießen. 30 Minuten lang einweichen lassen.

In der Zwischenzeit die Butter, den Zucker und den Vanilleextrakt mit dem elektrischen Handrührgerät schaumig schlagen. Die Eier hinzufügen und gründlich unterschlagen.

Die Datteln samt Einweichflüssigkeit im Blitzhacker glatt pürieren, anschließend zur Kuchenmasse geben. Das Mehl, das Backpulver, die Kaffeeessenz und die gehackte Schokolade unterheben. In die Backform füllen und den Kuchen 45–50 Minuten lang backen, bis an einem in die Mitte gesteckten Spieß beim Herausziehen kein Teig mehr haftet. In der Backform 15 Minuten lang ruhen lassen, anschließend zum Abkühlen auf ein Kuchengitter setzen.

In der Zwischenzeit alle Zutaten für die Schokoladensoße in einen Topf geben und bei milder Hitze 2–3 Minuten lang verrühren, bis eine glatte Soße entstanden ist.

Den Kuchen in Stücke schneiden und mit dem Eis und mit der warmen Schokoladensoße beträufelt servieren.

* Kaffeeessenz ist im Internet erhältlich.

Schokoladenkuchen „Yin und Yang“

250 g hochwertige dunkle Schokolade, gehackt
250 g Butter in Stückchen
4 Eier, getrennt
110 g Zucker
110 g brauner Zucker
50 g Mehl
50 g gemahlene Mandeln
1 Prise Salz
Kakaopulver zum Bestäuben
Puderzucker zum Bestäuben

6–8 Portionen

Den Backofen auf 170 °C vorheizen. Eine Springform mit 23 cm Durchmesser einfetten und mit Backpapier auskleiden.

Die Schokolade und die Butter in einer hitzebeständigen Schüssel auf einem Topf mit leicht siedendem Wasser (die Schüssel darf das Wasser nicht berühren) schmelzen lassen. Etwas abkühlen lassen.

In einer großen Schüssel die Eigelbe sowie den weißen und den braunen Zucker mit dem elektrischen Handrührgerät schaumig schlagen. Die abgekühlte Schokoladenmischung unterrühren, das Mehl und die gemahlenen Mandeln unterheben.

In einer großen sauberen Schüssel die Eiweiße mit einer Prise Salz halbsteif schlagen und behutsam unter den Teig heben. Dabei versuchen, so viel Luft wie möglich in der Mischung zu halten. In die vorbereitete Backform füllen und 30 Minuten lang backen. Der Kuchen ist dann in der Mitte noch ein bisschen feucht, wird aber beim Abkühlen fest werden. 10 Minuten lang in der Form abkühlen lassen, anschließend auf ein Kuchengitter setzen.

Für die Yin-und-Yang-Schablone aus Backpapier eine Scheibe mit 23 cm Durchmesser ausschneiden und in die Mitte ein S zeichnen, sodass zwei große „Kommas“ entstehen. Mit Hilfe einer 2-Euro-Münze auf eine Seite einen Kreis zeichnen. Das Komma und den Kreis ausschneiden, um ein halbes Yin-und-Yang-Symbol zu erhalten. Die Schablone auf eine Hälfte des Kuchens legen und großzügig mit Kakaopulver bestäuben. Die Schablone ausschütteln, auf die gegenüberliegende Seite legen und großzügig mit Puderzucker bestäuben.

Tiramisu mit Schokoladenstückchen

6 Eier, getrennt
400 g weißer Zucker
1 kg Mascarpone
200 g dunkle Schokolade
200 ml starker Espresso
185 g brauner Zucker
200 ml Kahlúa oder ein anderer Kaffeelikör
2 EL Kakaopulver und zusätzlich zum Bestäuben
36 Löffelbiskuits

8–10 Portionen

Die Eigelbe und 200 g weißen Zucker in eine hitzebeständige Schüssel geben und auf einen Topf mit siedendem Wasser setzen (die Schüssel darf das Wasser nicht berühren). So lange schlagen, bis eine dicke und hellgelbe Masse entstanden ist. Anschließend vom Topf nehmen und abkühlen lassen.

Den Mascarpone nach und nach unter die abgekühlte Schaummasse rühren. 150 g Schokolade fein hacken und unter die Mascarponemischung heben. Beiseite stellen.

In einer sauberen, trockenen Schüssel die Eiweiße halbsteif schlagen. Nach und nach die restlichen 200 g weißen Zucker unterschlagen, bis ein fester und glänzender Eischnee entstanden ist. Diesen unter die Mascarponemischung heben.

Den Espresso, den braunen Zucker, den Kaffeelikör und das Kakaopulver in einem Topf vermischen. Bei milder Hitze aufsetzen und so lange rühren, bis sich der Zucker aufgelöst hat. Vom Herd ziehen und abkühlen lassen.

12 Löffelbiskuits in die Espressomischung tauchen und in eine quadratische Backform mit 20 cm Seitenlänge und herausnehmbarem Boden oder eine Servierschüssel mit 1,5 l Fassungsvermögen legen. Die Löffelbiskuits zurechtschneiden. Mit einem Drittel der Mascarponecreme bestreichen. Diese Schichten noch zweimal wiederholen, dabei bei der Ausrichtung der Löffelbiskuits abwechseln – dadurch wird das Tiramisu stabiler. Abdecken und für mindestens 4 Stunden oder über Nacht kalt stellen.

Zum Servieren die restlichen 50 g Schokolade mit einem Sparschäler in Späne hobeln und über das Tiramisu streuen. Mit dem zusätzlichen Kakaopulver bestäuben.

Gedämpfter Blaubeerpudding

125 g weiche Butter
125 g Zucker
1 TL Vanilleextrakt
4 Eier
250 g Mehl, gesiebt
2 ½ TL Backpulver
fein geriebene Schale von ½ Bio-Zitrone
80 ml Milch
160 g Blaubeerkonfitüre
125 g frische oder tiefgekühlte Blaubeeren
flüssige Sahne zum Servieren

4–6 Portionen

Den Backofen auf 180 °C vorheizen und eine Puddingform mit 1,25 l Fassungsvermögen einfetten.

Die Butter, den Zucker und den Vanilleextrakt in einer Rührmaschine schaumig schlagen. Die Eier einzeln hinzufügen und jeweils gründlich unterschlagen. Das Mehl, das Backpulver und die Zitronenschale unterheben, anschließend die Milch, bis alles miteinander vermischt ist (der Teig sollte schwer reißend vom Löffel fallen).

Je die Hälfte der Konfitüre und der Blaubeeren in die Puddingform füllen, darauf den Teig geben. Einen Bogen Aluminiumfolie auf einen Bogen Backpapier legen und in der Mitte einen Falz anbringen. Über den Pudding legen und mit Küchengarn fixieren. Die Form in einen Bräter stellen und diesen mit so viel kochendem Wasser füllen, dass die Puddingform zur Hälfte im Wasser steht. Im vorgeheizten Backofen 1 Stunde und 15 Minuten lang garen bzw. so lange, bis an einem in die Mitte gesteckten Spieß keine Teigreste mehr haften. 5 Minuten ruhen lassen.

In der Zwischenzeit die restliche Konfitüre mit den Blaubeeren bei milder Hitze 2–3 Minuten lang erwärmen, um eine warme Soße zu erhalten.

Den Pudding auf eine Platte stürzen und zum Servieren mit der warmen Blaubeersoße und der kalten Sahne beträufeln.

Klebrige Dattel-Tarte mit Toffeesoße

240 g entsteinte Datteln, klein geschnitten
150 ml Milch
1 TL Natron
1 Rezeptmenge süßer Mürbteig oder 1 435-g-Packung fertiger süßer Mürbteig
1 TL Vanilleextrakt
100 g Mehl, gesiebt
2 Eier, kurz verquirlt
2 EL Golden Syrup, ersatzweise heller Rübensirup
100 g brauner Zucker
20 g Mandelblättchen

Süßer Mürbteig

250 g Mehl
2 EL Puderzucker, zusätzlich zum Bestäuben
Mark von 1 Vanilleschote
1 Prise Salz
180 g kalte Butter in Stückchen
1 Eigelb

Toffeesoße

200 g brauner Zucker
50 g Butter
300 ml Sahne

6 Portionen

Für den Mürbteig mixen Sie das Mehl, den Puderzucker, das Vanillemark und 1 Prise Salz so lange im Blitzhacker, bis es keine Klümpchen mehr gibt. Die Butter hinzufügen und mixen, bis feine Krümel entstanden sind. Das Eigelb und 1 EL eiskaltes Wasser hinzufügen und so lange mixen, bis sich ein glatter Teigklumpen bildet. In Frischhaltefolie wickeln und 1 Stunde lang kalt stellen.

Die Datteln und die Milch in einem Topf bei mittlerer Hitze aufsetzen. Bis kurz vor den Siedepunkt erhitzen, dann vom Herd ziehen. Das Natron unterrühren und 30 Minuten lang stehen lassen. In der Zwischenzeit den Mürbteig 5 mm dünn ausrollen. Mit dem Teig eine rechteckige, gefettete Tarteform (36 × 12 cm) mit herausnehmbarem Boden auskleiden. 10 Minuten kalt stellen.

Den Backofen auf 180 °C vorheizen. Den Tarteboden mit Backpapier belegen und mit Blindbackbohnen oder ungekochtem Reis beschweren. 8 Minuten lang backen. Papier und Bohnen bzw. Reis entfernen und den Boden weitere 2–3 Minuten lang backen, bis er goldgelb und trocken ist.

Die Backofentemperatur auf 160 °C reduzieren. Die Dattelmilch mit dem Vanilleextrakt vermischen. Das Mehl, die Eier, den Sirup und den braunen Zucker unterheben.

Für die Toffeesoße alle Zutaten erwärmen, bis sich der Zucker aufgelöst hat. 2 Minuten lang kochen lassen. 80 ml Toffeesoße auf den Tarteboden gießen, dann die Dattelfüllung darüber verteilen und mit den Mandelblättchen bestreuen. 20–25 Minuten lang backen. In der Form 5 Minuten lang abkühlen lassen. Die Datteltarte aus der Form nehmen und mit Puderzucker bestäuben. Warm mit der restlichen Toffeesoße servieren.

Apfel-Maracuja-Crumble

130 g kalte Butter in Stückchen
8 grüne Äpfel, geschält und in Scheiben geschnitten
150 g Zucker
Fruchtfleisch von 8 Maracujas
1 TL Vanilleextrakt
200 g Mehl

Vanillesoße
5 Eigelb
55 g Zucker
500 ml Sahne
1 Vanilleschote, längs aufgeschlitzt, das Mark herausgeschabt

6 Portionen

Für die Vanillesoße die Eigelbe mit dem Zucker behutsam verquirlen und beiseite stellen.

Die Sahne mit der Vanilleschote und dem Mark in einen Topf geben und auf mittlerer Stufe bis kurz vor den Siedepunkt erhitzen. Vom Herd ziehen und etwas abkühlen lassen, dann die Vanillesahne mit dem Schneebesen unter die Eimischung rühren.

Die Vanillesoße in einen sauberen Topf füllen und bei milder Hitze aufsetzen. Unter ständigem Rühren 5–6 Minuten lang erwärmen, bis die Soße so dickflüssig ist, dass sie auf einem umgedrehten Kochlöffel liegen bleibt.

Die Vanillesoße durch ein Sieb in einen Krug gießen und die Oberfläche mit Frischhaltefolie abdecken, damit sich keine Haut bildet.

Den Backofen auf 180 °C vorheizen und 6 Förmchen oder feuerfeste Tassen (à 185 ml) einfetten (oder eine Auflaufform mit 1 l Fassungsvermögen verwenden).

30 g Butter in einen Topf geben und bei milder bis mittlerer Hitze aufsetzen. Die Äpfel, 40 g Zucker und 60 ml Wasser hinzufügen und 5–6 Minuten lang köcheln lassen, bis die Äpfel weich sind. Das Maracujafruchtfleisch und den Vanilleextrakt unterrühren, anschließend auf die Förmchen bzw. Tassen verteilen.

Das Mehl, die restlichen 110 g Zucker und 100 g Butter im Blitzhacker zu groben Streuseln verarbeiten. Die Streusel über der Füllung verteilen und 35–40 Minuten lang backen, bis die Streusel goldgelb sind und die Füllung brodelt. Die Vanillesoße behutsam erwärmen und den Crumble warm mit der Vanillesoße servieren.

Marmeladen-Schokoladen-Rolle mit Vanillesoße

150 g Mehl
1 ½ TL Backpulver
2 EL Zucker
80 g Butter
½ TL Salz
100 ml Milch
320 g Himbeerkonfitüre
90 g dunkle Schokolade, gehackt
Vanillesoße (s. S. 40) zum Servieren

6–8 Portionen

Das Mehl und das Backpulver in eine Schüssel sieben, den Zucker, die Butter und das Salz unterrühren. Die Milch hinzufügen und alles zu einem weichen Teig verarbeiten.

Den Teig auf einer leicht bemehlten Arbeitsfläche zu einem 20 × 30 cm großen Rechteck ausrollen. Mit der Konfitüre bestreichen, dabei an allen Seiten einen 2 cm breiten Rand freilassen. Mit der Schokolade bestreuen und den Teig von einer Längsseite her fest aufrollen, sodass sich eine lange Rolle ergibt.

Einen Bogen Backpapier dünn einfetten und die Rolle mit der Naht nach unten auf das Backpapier legen. Die Enden unter die Rolle klappen. In Aluminiumfolie wickeln und diese an den Enden verdrehen.

Die Rolle in einen großen Dampfgarer oder Fischtopf legen und 45 Minuten lang dämpfen, bei Bedarf Wasser nachfüllen. Um zu überprüfen, ob die Rolle schon gar ist, öffnen Sie die Folie und das Backpapier: Die Rolle sollte sich elastisch anfühlen. Aus dem Dampfgarer nehmen und 10 Minuten lang ruhen lassen.

Aluminiumfolie und Backpapier von der Rolle entfernen und die Rolle in dicke Scheiben schneiden. Mit der warmen Vanillesoße servieren.

Erdbeer-Rhabarber-Crumble mit Englischer Creme

1 Bund Rhabarber
250 g Erdbeeren, große Exemplare halbiert
1 Vanilleschote, längs aufgeschlitzt, das Mark herausgeschabt
abgeriebene Schale und Saft von 1 Bio-Orange
55 g Demerara- bzw. Roh-Rohrzucker
300 ml Englische Creme (s. S. 52)

Streusel
2 EL Mehl
1 Msp. Backpulver
2 EL Demerara- bzw. Roh-Rohrzucker
25 g Walnüsse, geröstet und gehackt
20 g kalte Butter

4 Portionen

Den Backofen auf 180 °C vorheizen und ein Backblech mit Backpapier belegen.

Die Rhabarberstangen oben und unten abschneiden, den Rest in 8 cm lange Stücke schneiden. Die Rhabarberstücke in einer Lage in eine Auflaufform legen, die Erdbeeren, die Vanilleschote mit dem Mark, die Orangenschale und den -saft sowie den Zucker darüber verteilen. Mit Aluminiumfolie abdecken und 15–20 Minuten lang backen bzw. so lange, bis der Rhabarber weich ist, aber noch seine Form behält. Die Vanilleschote entsorgen.

In der Zwischenzeit für die Streusel das Mehl und das Backpulver mit dem Zucker und den Walnüssen in einen Blitzhacker geben. Die Impulstaste ein- oder zweimal betätigen, um die Zutaten miteinander vermischen, dann die Butter hinzufügen und so lange mixen, bis sich Klumpen bilden. Die Streuselmischung auf das vorbereitete Backblech geben und in 15 Minuten goldgelb backen. Währenddessen einmal wenden. Aus dem Backofen nehmen und etwas abkühlen lassen. Sehr große Klumpen mit den Fingern zerkleinern.

Die Englische Creme in 4 Gläser füllen, mit dem Rhabarber und den Erdbeeren belegen, mit den Streuseln bestreuen und servieren.

Brotauflauf mit Rum und Schokolade

80 g Sultaninen
80 ml brauner Rum
300 g Brioche*, in dünne Scheiben geschnitten
60 g weiche Butter
100 g dunkle Schokolade, gehackt
4 Eier
110 g Zucker
300 ml Sahne und zusätzlich zum Servieren
125 ml Milch
1 TL Vanilleextrakt
Puderzucker zum Bestäuben

6–8 Portionen

Eine Auflaufform aus Keramik mit 1,5 l Fassungsvermögen einfetten. Die Sultaninen und den Rum in eine Schüssel geben und 30 Minuten lang einweichen.

Die Briochescheiben jeweils auf einer Seite mit Butter bestreichen. Die Hälfte der Briochescheiben mit der gebutterten Seite nach oben in die Auflaufform schichten und mit jeweils der Hälfte der Schokolade, der eingeweichten Rosinen und des Rums bestreuen bzw. beträufeln. Diesen Vorgang mit der restlichen Brioche wiederholen.

Die Eier, den Zucker, die Sahne, die Milch und den Vanilleextrakt in einer Schüssel verquirlen. Durch ein Sieb passieren, anschließend über den Auflauf gießen.
30 Minuten lang ruhen lassen, damit die Briochescheiben die Eiermilch aufsaugen und die Aromen sich entfalten können.

Den Backofen auf 170 °C vorheizen.

Den Auflauf in ein tiefes Backblech stellen und so viel kochendes Wasser einfüllen, dass die Auflaufform zur Hälfte im Wasser steht. 1 Stunde lang backen bzw. so lange, bis die Eiermilch gestockt ist (falls der Auflauf zu schnell zu dunkel wird, können Sie ihn lose mit Alufolie abdecken). Aus dem Backofen nehmen und 10 Minuten ruhen lassen.

Mit Puderzucker bestäuben und mit zusätzlicher Sahne servieren.

* Brioches können Sie in ausgewählten Supermärkten kaufen oder in manchen Bäckereien vorbestellen.

Kirsch-Clafoutis

75 g Mehl
600 ml Sahne und zusätzlich geschlagene Sahne zum Servieren
5 Eier und zusätzlich 7 Eigelb
330 g Zucker
1 670-g-Glas Schattenmorellen in Flüssigkeit, abgetropft, die Flüssigkeit aufgefangen
1 Vanilleschote, längs aufgeschlitzt, Mark herausgeschabt

6–8 Portionen

Das Mehl, die Sahne, die Eier, die Eigelbe und 220 g Zucker mit dem Schneebesen zu einem glatten Teig verrühren. Bei Zimmertemperatur 1 Stunde lang ruhen lassen.

In der Zwischenzeit den aufgefangenen Kirschsaft, die Vanilleschote mit dem Mark und die restlichen 110 g Zucker in einem Topf bei milder Hitze aufsetzen und unter Rühren so lange erwärmen, bis sich der Zucker aufgelöst hat. Die Hitze auf mittlere Stufe erhöhen und die Flüssigkeit 5 Minuten köcheln lassen bzw. so lange, bis sie reduziert und sirupartig ist. Abkühlen lassen, die Vanilleschote entfernen.

Den Backofen auf 160 °C vorheizen und eine Auflaufform mit 2 l Fassungsvermögen einfetten.

Die abgetropften Kirschen in die Auflaufform geben und mit dem Teig übergießen. 1 Stunde lang backen bzw. so lange, bis der Teig aufgegangen und goldgelb ist. In der Form 10 Minuten abkühlen lassen.

Den Clafoutis in Quadrate schneiden und noch warm mit der Schlagsahne und der Vanille-Kirsch-Soße servieren.

Kleine Mandarinenpuddings

90 g Zucker und zusätzlich zum Ausstreuen
2 Mandarinen, quer in Scheiben geschnitten, und zusätzlich in feine Streifen geschnittene Schale und Saft von 1 Bio-Mandarine
90 g weiche Butter
90 g Mehl
1 ½ TL Backpulver
2 Eier
1 ½ EL saure Sahne
1 EL Orangenmarmelade
½ TL gemahlener Ingwer
½ TL gemahlener Zimt
2 TL Golden Syrup, ersatzweise heller Rübensirup
flüssige Sahne oder Vanillesoße (s. S. 40) zum Servieren

Mandarinensirup
75 g Zucker
Saft von 2 Mandarinen
2 EL Golden Syrup, ersatzweise heller Rübensirup

6 Portionen

Den Backofen auf 180 °C vorheizen. 6 Timbaleförmchen à 250 ml einfetten und mit dem zusätzlichen Zucker bestreuen, überschüssigen Zucker herausschütteln. In jedes Förmchen eine Mandarinenscheibe legen. Die Butter und den Zucker schaumig schlagen. Das Mehl, das Backpulver, die Eier, die saure Sahne, die Marmelade, die Gewürze, den Sirup und den Mandarinensaft hinzufügen und weitere 2–3 Minuten rühren, bis alles gut vermischt ist.

Den Teig auf die Förmchen verteilen. Jeweils ein kleines Stück Alufolie auf ein kleines Stück Backpapier legen und in der Mitte einen Falz anbringen. Mit der Backpapierseite nach unten auf ein Förmchen legen und mit Küchengarn fixieren. Die Förmchen in einen Bräter stellen und so viel kochendes Wasser einfüllen, dass die Förmchen zur Hälfte im Wasser stehen. 55–60 Minuten lang garen, bis an einem in die Mitte gesteckten Spieß beim Herausziehen keine Teigreste mehr haften.

In der Zwischenzeit die Mandarinenschale in einen Topf geben und mit kaltem Wasser bedecken. Bei milder Hitze 10 Minuten lang köcheln lassen. Abgießen. Diesen Vorgang noch zweimal wiederholen.

Für den Mandarinensirup den Zucker, den Mandarinensaft und den Sirup in einem Topf bei milder Hitze unter Rühren so lange erwärmen, bis sich der Zucker aufgelöst hat. Auf mittlere Stufe erhöhen und die Flüssigkeit 3–4 Minuten lang köcheln lassen, bis sie sirupartig ist.

Die Puddings auf Dessertteller stürzen und mit dem Sirup übergießen. Mit der blanchierten Mandarinenschale garnieren und mit der Sahne oder Vanillesoße servieren.

Pfirsich-Ingwer-Crumble

- 2 400-g-Dosen Pfirsiche in Scheiben in natürlichem Saft
- 2 EL gehackter kandierter Ingwer in Sirup
- 300 g Ingwerkekse
- 60 g weiche Butter
- Englische Creme oder süße Sahne zum Servieren

Englische Creme

- 5 Eigelb
- 55 g Zucker
- 500 ml Sahne
- 1 Vanilleschote, längs aufgeschlitzt, das Mark herausgeschabt

6 Portionen

Den Backofen auf 170 °C vorheizen.

Die Pfirsichscheiben abtropfen lassen, 125 ml Saft auffangen. Die Pfirsichscheiben, den aufgefangenen Saft und den Ingwer in einer Schüssel vermischen, dann in eine flache Auflaufform mit 1,5 l Fassungsvermögen füllen.

Die Kekse in einem Blitzhacker zu feinen Krümeln verarbeiten. Die Butter hinzufügen und so lange mixen, bis die Mischung aussieht wie grobe Semmelbrösel.

Die Pfirsiche mit den Streuseln bedecken und 20 Minuten lang backen, bis der Crumble goldgelb ist und brodelt.

Während der Crumble im Backofen ist, bereiten Sie die Englische Creme zu. Hierfür die Eigelbe mit dem Zucker behutsam in einer Schüssel verquirlen. Die Sahne mit der Vanilleschote und dem Mark in einen Topf geben und auf mittlerer Stufe bis kurz vor den Siedepunkt erhitzen. Die Sahne über die Eimischung gießen und behutsam verquirlen.

Die Mischung in einen sauberen Topf füllen und bei sehr milder Hitze aufsetzen. Mit einem Holzlöffel 5–6 Minuten lang rühren, bis die Soße so dickflüssig ist, dass sie auf dem umgedrehten Löffel liegen bleibt – passen Sie gut auf, dass die Eier nicht stocken. (Falls die Creme doch gerinnt: Ich hatte bereits Erfolg mit der Methode, mit der man auch eine Hollandaise rettet. Geben Sie alles außer der Vanilleschote in einen Mixer, fügen Sie einen Eiswürfel hinzu und mixen Sie gründlich. Daumen drücken!) Durch ein Sieb in einen Krug gießen.

Den Crumble mit der warmen (oder gekühlten) Englischen Creme oder mit flüssiger Sahne servieren.

Limoncello-Soufflé

zerlassene Butter zum Bestreichen
55 g Zucker und zusätzlich zum Bestreuen
6 Eiweiß
1 325-g-Glas Lemon Curd*
abgeriebene Schale von 1 Bio-Zitrone
2 EL Limoncello* und zusätzlich gekühlter Limoncello zum Servieren
Puderzucker zum Bestäuben

8 Stück

Den Backofen auf 200 °C vorheizen. 8 Soufflé- oder andere Förmchen à 150 ml Inhalt mit zerlassener Butter auspinseln. Mit etwas Zucker ausstreuen, überschüssigen Zucker ausklopfen.

Die Eiweiße mit dem elektrischen Handrührgerät halbsteif schlagen. Unter ständigem Rühren nach und nach den Zucker hinzufügen, bis die Masse steif und glänzend ist.

In der Zwischenzeit das Lemon Curd mit der Zitronenschale in einem Topf bei milder Hitze behutsam erwärmen. Den Limoncello einrühren und den Topfinhalt in eine große Schüssel umfüllen. Mit einem großen Metalllöffel ein Drittel des Eischnees unter die Zitronenmischung heben. Den restlichen Eischnee ebenfalls unterheben, bis gerade alles miteinander vermischt ist. Achten Sie darauf, dass dabei nicht zu viel Volumen verloren geht. Die Masse auf die Förmchen verteilten und mit dem Finger am inneren Rand jedes Förmchens entlangfahren. 12 Minuten lang backen bzw. so lange, bis die Soufflés goldgelb und aufgegangen sind. Mit Puderzucker bestäuben und sofort mit gekühltem Limoncello servieren.

* Lemon Curd ist in ausgewählten Supermärkten und in Feinkostläden erhältlich. Limoncello ist ein italienischer Zitronenlikör und in ausgewählten Getränkehandlungen erhältlich.

Kokos-Pfannküchlein mit Banane und Crème fraîche

3 reife Bananen
4 Eier, getrennt
250 ml Kokosmilch
1 Prise Salz
150 g Mehl, gesiebt
1 TL Backpulver, gesiebt
zerlassene Butter zum Einfetten
Crème fraîche, Karamellsoße, Puderzucker und Kokosraspel zum Servieren

Karamellsoße

50 g Butter
100 g brauner Zucker
3 EL Golden Syrup, ersatzweise heller Rübensirup
150 ml Sahne
1 TL Vanilleextrakt

3–4 Portionen

Für die Karamellsoße alle Zutaten in einem Topf bei milder Hitze unter Rühren so lange erwärmen, bis sich der Zucker aufgelöst hat. Anschließend 5 Minuten köcheln lassen, bis die Soße eingedickt ist.

Eine Banane in einer Schüssel zerdrücken und beiseite stellen

Die Eigelbe, die Kokosmilch und eine Prise Salz in einer Schüssel verquirlen. Behutsam das gesiebte Mehl, das gesiebte Backpulver und die zerdrückte Banane unterheben.

Die Eiweiße in einer separaten Schüssel steif schlagen und unter den Teig heben.

Eine antihaftbeschichtete Pfanne bei milder bis mittlerer Hitze heiß werden lassen und mit der zerlassenen Butter bestreichen. 3–4 gehäufte EL Teig in die Pfanne geben (pro Pfannküchlein 1 Löffel) und auf jeder Seite 2–3 Minuten lang backen, bis die Pfannküchlein goldgelb und durchgegart sind. Die fertigen Pfannküchlein warmhalten und aus dem restlichen Teig weitere Küchlein backen, sodass sich insgesamt 9 Stück ergeben.

Die restlichen Bananen in Scheiben schneiden. Die Pfannküchlein in Stapeln auf Desserttellern anrichten und mit den Bananenscheiben und der Crème fraîche aufschichten. Mit der Karamellsoße (warm oder kalt) beträufeln, mit Puderzucker bestäuben und mit den Kokosraspeln bestreuen.

Erdbeer-Tarte mit Basilikumcreme

200 g Amaretti (italienische Mandelkekse)
125 g zerlassene Butter, abgekühlt
500 g Erdbeeren, große Exemplare halbiert*
2 EL Puderzucker, gesiebt, und zusätzlich zum Servieren
600 ml Sahne
2 TL fein geriebene Bio-Limettenschale
Fruchtfleisch von 2 Maracujas
6 große Basilikumblätter, fein gehackt
95 g Naturjoghurt griechische Art

6–8 Portionen

Eine Tarteform mit 22 cm Durchmesser und herausnehmbarem Boden einfetten.

Die Amaretti im Blitzhacker zu feinen Krümeln verarbeiten. Die zerlassene Butter hinzufügen und untermischen, anschließend auf dem Boden und am Rand der Tarteform festdrücken. 30 Minuten lang kaltstellen, damit der Boden fest wird.

Die Erdbeeren in einer Schüssel mit dem Puderzucker vermengen. Beiseite stellen.

Die Sahne mit der Limettenschale in einer separaten Schüssel steif schlagen. Das Maracujafruchtfleisch durch ein Sieb zur Sahne geben und mit Hilfe eines Löffels so viel Saft wie möglich herausdrücken. Die Kerne entsorgen, den Saft behutsam unterheben. Basilikum und Joghurt ebenfalls unterheben.

Den Tarteboden mit der Basilikumcreme bestreichen und mit den Erdbeeren belegen. Die Tarte mit zusätzlichem Puderzucker bestreut servieren.

* Der optischen Wirkung wegen sollten Sie bei ein paar Erdbeeren den grünen Stielansatz nicht entfernen. Die leuchtend grünen Blätter verleihen dieser Tarte noch zusätzlich Farbe.

Baisers mit Mango-Mojito-Soße

4 Eiweiß
250 g Zucker
2 TL Speisestärke
1 TL Weißweinessig
2–3 Tropfen gelbe Speisefarbe
300 ml Schlagsahne, leicht geschlagen

Mango-Mojito-Soße
2 große Mangos, klein geschnitten, und zusätzliche Mango zum Servieren
60 ml weißer Rum
1 EL Limettensaft
1 EL gehackte Pfefferminzblätter und zusätzliche Blätter zum Dekorieren
75 g Zucker

6 Portionen

Den Backofen auf 140 °C vorheizen und ein Backblech mit Backpapier auslegen.

Die Eiweiße und den Zucker in eine hitzebeständige Schüssel geben und diese auf einen Topf mit leise siedendem Wasser setzen (die Schüssel darf das Wasser nicht berühren). 6–8 Minuten lang ständig rühren, bis sich der Zucker aufgelöst hat und die Masse dickflüssig ist. In eine Rührmaschine umfüllen und weitere 10 Minuten lang schlagen bzw. so lange, bis die Baisermasse abgekühlt, steif und glänzend ist. Die Speisestärke und den Essig unterheben, dann mit einem Spieß die gelbe Speisefarbe spiralförmig unter die Masse ziehen.

6 Kleckse der Baisermasse auf das vorbereitete Backblech setzen und mit Hilfe eines Löffels in jeden eine flache Vertiefung drücken. 1 Stunde lang backen, dann den Backofen abschalten und die Baisers bei leicht geöffneter Backofentür im Ofen vollständig erkalten lassen.

In der Zwischenzeit für die Mango-Mojito-Soße alle Zutaten im Blitzhacker zu einer glatten Soße pürieren.

Auf die Baisers jeweils etwas Schlagsahne geben und mit zusätzlichen Mangostückchen und Pfefferminzblättchen garnieren. Mit der Mango-Mojito-Soße beträufelt servieren. Die ungefüllten Baisers halten sich in einem luftdicht verschließbaren Behälter bis zu 2 Tage lang.

Himbeer-Karamell-Törtchen mit Orangensahne

3 Platten TK-Blätterteig, aufgetaut
100 g brauner Zucker
50 g Butter
300 ml Sahne
250 g Himbeeren
2 EL Puderzucker, gesiebt
fein geriebene Schale von 1 Bio-Orange

6 Stück

Den Backofen auf 200 °C vorheizen. Ein Backblech mit Backpapier belegen.

Mit einem runden Ausstecher mit 10 cm Durchmesser aus dem Blätterteig 6 Scheiben ausstechen. Die Teigscheiben auf das Backblech legen und mit einer Gabel mehrmals einstechen. Einen zweiten Bogen Backpapier über die Teigscheiben legen und mit einem Backblech beschweren. 25 Minuten lang backen bzw. so lange, bis der Teig goldgelb ist.

In der Zwischenzeit den braunen Zucker, die Butter und 60 ml Sahne in eine Pfanne geben. Bei milder Hitze unter Rühren 3–4 Minuten lang erwärmen, bis sich der Zucker aufgelöst hat und die Soße goldbraun ist.

Die Himbeeren auf die gebackenen Teigscheiben setzen und großzügig mit der Karamellsoße bestreichen. Die Törtchen 5–6 Minuten lang backen, bis die Soße brodelt, die Himbeeren aber noch ihre Form behalten. Auf Zimmertemperatur abkühlen lassen.

Den Puderzucker, die Orangenschale und die restliche Sahne in einer Schüssel halbsteif schlagen. Die Himbeertörtchen mit der Orangensahne servieren.

Zimt-Panna-Cotta mit langsam gerösteten Birnen

500 ml Sahne
125 ml Milch
3 Zimtstangen
½ TL gemahlener Zimt
55 g Zucker
2 Blatt Gelatine
2 EL Weinbrand

Langsam geröstete Birnen
4 Birnen (z. B. Williams Christ oder Boscs Flaschenbirne)
6 Salbeiblätter
110 g brauner Zucker

6 Stück

Die Sahne, die Milch, die Zimtstangen, den gemahlenen Zimt und den Zucker in einem kleinen Topf vermischen und bei milder Hitze zum Sieden bringen. Vom Herd nehmen und 1 Stunde lang ziehen lassen.

Die Gelatineblätter in kaltem Wasser 5 Minuten lang einweichen. Die Sahnemischung bei milder Hitze nochmals erwärmen. Die Gelatine gut ausdrücken und zur heißen Sahne geben. So lange rühren, bis sie sich aufgelöst hat. Den Weinbrand unterrühren. Die Mischung durch ein feines Sieb in einen Krug gießen, anschließend auf 6 Metall- oder Porzellanförmchen (je 125 ml Inhalt) verteilen. Für 4 Stunden oder über Nacht in den Kühlschrank stellen.

In der Zwischenzeit für die Birnen den Backofen auf 160 °C vorheizen. Die Birnen schälen, halbieren und entkernen, die Stiele jedoch dranlassen. Die Salbeiblätter, den braunen Zucker und 80 ml Wasser in eine feuerfeste Kasserolle geben und bei milder Hitze unter Rühren so lange erwärmen, bis sich der Zucker aufgelöst hat. Die Birnen hineinlegen und in den Backofen schieben. 3 Stunden lang rösten, bis die Birnen sehr weich sind. Abkühlen lassen.

Unmittelbar vor dem Servieren mit einem Messer am Rand der Förmchen entlangfahren, um die Panna Cotta zu lösen, anschließend auf Dessertteller stürzen. Die Birnen auf die Teller verteilen, mit dem Birnensirup beträufeln und servieren.

Schwarzwälder-Kirsch-Eton-Mess

680 g entsteinte Schattenmorellen aus dem Glas
55 g Zucker
150 g dunkle Schokolade, gehackt
300 ml Sahne
2 EL Puderzucker, gesiebt
2 EL Kirschwasser
6 Baisers

8 Portionen

Die Kirschen abtropfen lassen, den Saft auffangen. Den Kirschsaft mit dem Zucker in einen Topf geben und bei milder Hitze unter Rühren so lange erwärmen, bis sich der Zucker aufgelöst hat. Die Hitzezufuhr erhöhen und den Saft bei mittlerer bis starker Hitze 4–5 Minuten lang köcheln lassen, bis er auf 250 ml reduziert ist. Vom Herd nehmen, die Schokolade hinzufügen und beides zu einer glatten Soße verrühren. Zum Abkühlen beiseite stellen.

Die Sahne und den Puderzucker in einer Schüssel vermischen und halbsteif schlagen. Das Kirschwasser unterrühren und beiseite stellen.

Die Baisers grob in Stücke brechen. Die Hälfte der Baisers auf 8 Dessertgläser verteilen, mit der Hälfte der Sahne, dann mit der Hälfte der Kirschen bedecken. Diese Schichten wiederholen. Zuletzt mit der Schoko-Kirsch-Soße beträufeln und servieren.

Pflaumencreme

1 kg Pflaumen, halbiert und entsteint
Saft von 1 Zitrone
110 g Zucker
1 Vanilleschote, längs aufgeschlitzt, das Mark herausgeschabt
300 ml Sahne
150 g Vanillesoße (s. S. 40)
Baisers zum Servieren
Pfefferminzblätter zum Dekorieren

6 Portionen

Die Pflaumen, den Zitronensaft, den Zucker, die Vanilleschote mit dem Mark und 60 ml Wasser in einen Topf geben. Bei mittlerer Hitze 10–12 Minuten lang pochieren, bis die Pflaumen weich sind. Mit einem Schaumlöffel herausnehmen und beiseite stellen.

Den Topf mit der Pochierflüssigkeit bei mittlerer Hitze wieder aufsetzen und unter Rühren 3–4 Minuten lang kochen lassen, bis der Sirup um die Hälfte reduziert ist. Vom Herd nehmen und abkühlen lassen.

Ein paar Pflaumenhälften für die Dekoration beiseitelegen, den Rest im Blitzhacker glatt pürieren. In eine große Schüssel umfüllen.

Die Sahne halbsteif schlagen und mit der Vanillesoße unter das Pflaumenpüree heben. Für 30 Minuten in den Kühlschrank stellen.

Unmittelbar vor dem Servieren die Creme mit dem Pflaumensirup beträufeln. Mit den zurückbehaltenen Pflaumenhälften, den Baisers und den Pfefferminzblättern servieren.

Beschwipste Herbst-Törtchen

400 g gemischtes Trockenobst (z. B. Feigen, Äpfel und Birnen)
100 ml Weinbrand
220 g Zucker
2 EL geröstete Walnüsse, zerstoßen
1 Ei, kurz verquirlt
Vanillesoße (s. S. 40) zum Servieren

Teig
300 g Mehl
35 g Puderzucker und zusätzlich zum Bestäuben
¼ TL Backpulver
125 g kalte Butter in Stückchen
3 TL Zitronensaft
1 Ei und 2 Eigelb

4 Portionen

Am Vortag das Trockenobst mit dem Weinbrand in eine Schüssel geben und mit kochendem Wasser bedecken. Abkühlen lassen, dann abdecken und über Nacht in den Kühlschrank stellen.

Am nächsten Tag für den Teig das Mehl, den Puderzucker und das Backpulver im Blitzhacker vermischen. Die Butter hinzufügen und so lange mixen, bis die Mischung Semmelbröseln ähnelt. Den Zitronensaft, das Ei und die Eigelbe hinzufügen. Den Teig zu einer Kugel formen, in Frischhaltefolie wickeln und für 30 Minuten in den Kühlschrank legen.

Den Backofen auf 180 °C vorheizen und ein Backblech mit Backpapier belegen.

Das Trockenobst abgießen, die Einweichflüssigkeit auffangen. Diese mit dem Zucker in einen Topf geben und bei mittlerer bis starker Hitze unter gelegentlichem Rühren 5–6 Minuten lang kochen lassen, bis die Flüssigkeit reduziert und sirupartig ist. Das Obst grob hacken und mit der Hälfte des Sirups in eine Schüssel geben.

Den Teig in 4 Portionen teilen. Jede Portion auf einer leicht bemehlten Arbeitsfläche zu Scheiben mit 15 cm Durchmesser ausrollen. Die Teigscheiben auf das vorbereitete Backblech legen und mit den zerstoßenen Walnüssen bestreuen. Dabei einen 3 cm breiten Rand freilassen. Das eingeweichte Obst auf die Walnüsse häufen, anschließend den Teigrand über die Füllung klappen. Den Teig mit dem verquirlten Ei bestreichen und die Törtchen 30 Minuten lang goldgelb backen.

Die noch warmen Törtchen mit dem restlichen Sirup, Puderzucker und Vanillesoße servieren.

Zitronen-Baiser-Eistarte mit dunklem Boden

2 Eier, getrennt, und 2 Eiweiß zusätzlich
220 g Zucker
100 g weiche Butter
2 EL Zitronensaft
fein geriebene Schale von 2 Bio-Zitronen
1 Rezeptmenge Schokoladen-Mürbteig (Rezept s. S. 6) oder 1 300-g-Packung dunkler Schokoladen-Mürbteig
1 l Vanilleeis, bei Zimmertemperatur 20 Minuten lang antauen lassen
1 Gourmetbrenner

6–8 Portionen

Die Eigelbe und 110 g Zucker in eine hitzebeständige Schüssel geben und diese auf einen Topf mit siedendem Wasser setzen. Die Butter, den Zitronensaft und die -schale hinzufügen und unter gelegentlichem Rühren mit dem Schneebesen 10–15 Minuten lang erwärmen, bis eine dicke und glatte Masse entstanden ist. Die Oberfläche dicht mit einem Stück Backpapier abdecken, abkühlen lassen und 30 Minuten lang in den Kühlschrank stellen.

Eine 4 cm hohe Tarteform mit 24 cm Durchmesser und herausnehmbarem Boden einfetten. Den Teig auf einer leicht bemehlten Arbeitsfläche ausrollen und die Tarteform damit auskleiden. 15 Minuten lang kalt stellen.

Den Backofen auf 180 °C vorheizen. Den Teig mit Backpapier abdecken und dieses mit Blindbackbohnen oder ungekochtem Reis beschweren. Den Tarteboden 10 Minuten lang blindbacken, anschließend Papier und Bohnen bzw. Reis entfernen und weitere 5 Minuten lang backen, bis der Teig knusprig und trocken ist. Abkühlen lassen.

Die Hälfte der Eiscreme auf den Tarteboden streichen und die Hälfte der Zitronencreme in Klecksen auf das Vanilleeis geben. Mit einem Spieß die Zitronencreme durch das Eis ziehen. Diesen Vorgang wiederholen und die Tarte für 3 Stunden ins Gefrierfach stellen.

Die Eiweiße halbsteif schlagen. Den Zucker esslöffelweise unterschlagen, bis ein steifer Schnee entstanden ist. Die Baisermasse in Klecksen auf die Tarte geben. Mit Hilfe eines Löffels Spitzen und Falten formen. Für mindestens 2 Stunden ins Gefrierfach stellen. Unmittelbar vor dem Servieren die Baisermasse mit dem Gourmetbrenner karamellisieren.

Verkehrte Mango-Chili-Küchlein

250 g Golden Syrup, ersatzweise heller Rübensirup
1 lange rote Chilischote, Kerne entfernt, gehackt
fein geriebene Schale von 1 Bio-Limette
1 Mango, geschält und in dünne Scheiben geschnitten
225 g weiche Butter
220 g Zucker
4 Eier
1 TL Vanilleextrakt
225 g Mehl, gesiebt
2 TL Backpulver
1–2 EL Milch

6 Stück

Den Backofen auf 170 °C vorheizen. Eine Backform für große Muffins mit 6 Vertiefungen (à 185 ml Inhalt) einfetten und mit Backpapier auskleiden.

Den Sirup mit der Chili und der Limettenschale in einen Topf geben und bei milder bis mittlerer Hitze 1–2 Minuten lang behutsam erwärmen. In die Vertiefungen der Muffinform je 1 EL Chilisirup geben, den Rest zum Servieren aufheben. Die Böden der Mulden leicht überlappend mit Mangoscheiben belegen.

Die Butter und den Zucker in die Schüssel einer elektrischen Rührmaschine geben und schaumig schlagen. Die Eier einzeln hinzufügen und jeweils gründlich unterschlagen. Den Vanilleextrakt hinzufügen, das Mehl und das Backpulver unterheben. So viel Milch hinzufügen, dass der Teig die richtige Konsistenz erhält: Er sollte schwer reißend vom Löffel fallen.

Den Teig auf die Mulden der Muffin-Backform verteilen und 20–25 Minuten lang backen, bis an einem in die Mitte gesteckten Spieß beim Herausziehen keine Teigreste mehr haften. In der Form 2 Minuten lang ruhen lassen, anschließend die Backform auf ein Kuchengitter stürzen. (Lassen Sie die Backform über den Küchlein und beschweren Sie sie mit einem Hackbrett, damit die Küchlein eine flache Unterseite bekommen und hinterher hübsch präsentiert werden können.)

Wenn die Küchlein abgekühlt sind, die Backform abheben und das Backpapier entfernen. Den restlichen Chilisirup nochmals erwärmen und über die Küchlein träufeln.

Schwedischer Apfelkuchen

2 Eier
250 g Zucker
100 g Butter in Stückchen
150 ml Milch
1 TL Vanilleextrakt
175 g Mehl, gesiebt
2 TL Backpulver
4 kleine Granny-Smith-Äpfel, geschält, entkernt und in 1 cm dicke Scheiben geschnitten
flüssige Sahne oder Vanilleeis zum Servieren

6 Portionen

Den Backofen auf 180 °C vorheizen. Eine Springform oder eine Tarteform mit herausnehmbarem Boden und 24 cm Durchmesser einfetten.

Die Eier mit 200 g Zucker in eine Schüssel geben und mit einem Schneebesen gründlich verrühren.

Die Butter, die Milch und den Vanilleextrakt in einen Topf geben und bei milder bis mittlerer Hitze unter Rühren so lange erwärmen, bis die Butter geschmolzen ist.

Die Milchmischung nach und nach unter die Eimischung schlagen, anschließend das Mehl und das Backpulver unterheben.

Den Boden der Backform mit der Hälfte der Apfelscheiben auslegen. Vorsichtig mit dem Teig übergießen, diesen mit den restlichen Apfelscheiben belegen. Mit den restlichen 50 g Zucker bestreuen und 25 Minuten lang backen bzw. so lange, bis der Kuchen aufgegangen und goldgelb ist. Kurz in der Form abkühlen lassen, anschließend auf eine Kuchenplatte setzen. Noch warm mit Sahne oder Vanilleeis servieren.

Marokkanische Apfelpastetchen mit Rosen-Vanillesoße

4 grüne Äpfel, geschält, entkernt und in 2 cm große Stücke geschnitten
1 TL fein geriebene Bio-Zitronenschale
2 EL Zitronensaft
1 Vanilleschote, längs aufgeschlitzt, Mark herausgeschabt
110 g Zucker
1 TL Lebkuchengewürz, ersatzweise gemahlener Zimt
50 g Sultaninen
1 TL Speisestärke
4 Blätter Filoteig
80 g zerlassene Butter, abgekühlt
2 EL essbare getrocknete Rosenblütenblätter (s. S. 102)
Puderzucker zum Bestäuben

Rosen-Vanillesoße

1 Rezeptmenge warme Englische Creme (s. S. 52)
2 EL Rosenwasser (s. S. 102)
rosa Speisefarbe

Ergibt 6 Stück

Den Backofen auf 200 °C vorheizen und 6 Vertiefungen einer Muffinbackform mit 12 Vertiefungen einfetten.

Die Äpfel, die Zitronenschale und den -saft, die Vanilleschote samt Mark, den Zucker, das Gewürz, die Sultaninen und 2 EL Wasser in einen Topf geben und bei milder Hitze aufsetzen. Zugedeckt 6 Minuten lang köcheln lassen bzw. so lange, bis die Äpfel weich sind. Vom Herd nehmen und abkühlen lassen. Die Speisestärke mit 2 TL heißem Wasser anrühren und unter die abgekühlte Apfelmischung rühren.

Die Filoteigblätter übereinanderlegen und in 6 Quadrate mit 15 cm Seitenlänge schneiden, sodass sich insgesamt 24 Quadrate ergeben. Während des Arbeitens den gerade nicht benötigten Teig mit einem feuchten Geschirrtuch abdecken. 4 Teigquadrate mit Butter bestreichen und in ein Muffinförmchen legen, und zwar jede Schicht versetzt zur vorigen, sodass die Mulde vollständig ausgefüllt ist. Den Teig über den Rand hängen lassen. Diesen Vorgang mit den restlichen Teigquadraten wiederholen, sodass sich insgesamt 6 Pastetchen ergeben. Die Apfelfüllung auf die Pastetchen verteilen, den Teig über die Füllung klappen. Die Pastetchen mit ein bisschen mehr Butter bestreichen und in 15–20 Minuten goldgelb backen.

In der Zwischenzeit die warme Englische Creme mit dem Rosenwasser und nach Belieben mit 1–2 Tropfen Speisefarbe vermischen.

Die Pastetchen aus dem Ofen nehmen, mit der restlichen Butter bestreichen und mit den getrockneten Rosenblütenblättern bestreuen. Etwas abkühlen lassen, dann auf Dessertteller setzen, mit Puderzucker bestäuben und mit der Rosen-Vanillesoße servieren.

Joghurtkuchen mit Beeren mit Rosenaroma

200 g Mehl
3 TL Backpulver
125 g gemahlene Mandeln
150 g Zucker
2 Eier, kurz verquirlt
250 g Joghurt griechischer Art
150 ml Sonnenblumenöl
fein geriebene Schale von 1 kleinen Bio-Zitrone
Puderzucker zum Bestäuben

Beeren mit Rosenaroma
175 g Zucker
Saft von 1 Zitrone
1 EL Rosenwasser*
500 g frische oder tiefgekühlte gemischte Beeren

6–8 Portionen

Den Backofen auf 180 °C vorheizen. Eine Springform mit 20 cm Durchmesser einfetten, den Boden mit Backpapier belegen.

Das Mehl und das Backpulver in eine Schüssel sieben, die gemahlenen Mandeln und den Zucker hinzufügen.

Die Eier, den Joghurt, das Öl und die Zitronenschale in einer separaten Schüssel behutsam miteinander verquirlen, anschließend zu den trockenen Zutaten geben und mit einem Holzlöffel alles gründlich vermischen. In die Backform füllen, die Oberfläche glatt streichen. 30 Minuten lang backen bzw. so lange, bis an einem in die Mitte gesteckten Spieß beim Herausziehen keine Teigreste mehr haften. Etwas abkühlen lassen, dann aus der Form nehmen und auf einem Kuchengitter vollständig erkalten lassen.

In der Zwischenzeit für die Beeren mit Rosenaroma den Zucker, den Zitronensaft und 250 ml Wasser in einen Topf geben und unter Rühren zum Kochen bringen, damit sich der Zucker auflöst. Die Hitze reduzieren und die Mischung bei milder Hitze ohne zu rühren 5 Minuten lang köcheln lassen, bis sie sirupartig ist. Abkühlen lassen, anschließend das Rosenwasser und die Beeren unterrühren.

Unmittelbar vor dem Servieren ein paar Beeren mit Sirup über den Kuchen geben und mit Puderzucker bestäuben. Mit den restlichen Beeren servieren.

* Rosenwasser findet man in orientalischen Lebensmittelgeschäften oder in Feinkostläden.

Ricotta-Marsala-Käsekuchen

100 g Rosinen
80 ml Marsala*
150 g Amaretti (italienische Mandelkekse)
150 g Butterkekse
150 g zerlassene Butter, abgekühlt
500 g Ricotta
250 g Mascarpone
150 ml Crème double
5 Eier
275 g Zucker
1 EL Mehl
fein geriebene Schale und Saft von 1 Bio-Zitrone
Puderzucker zum Bestäuben

6–8 Portionen

Den Backofen auf 180 °C vorheizen. Eine Springform mit 22 cm Durchmesser einfetten und mit Backpapier auskleiden.

Die Rosinen mit dem Marsala in einem Topf bei mittlerer Hitze zum Sieden bringen. Vom Herd nehmen und zum Abkühlen beiseite stellen.

Die Kekse und die Butter in einen Blitzhacker geben und zu feinen Krümeln verarbeiten. Auf dem Boden der Backform festdrücken und 15 Minuten lang kalt stellen. Anschließend 10 Minuten lang backen, bis der Boden gerade fest und goldbraun ist. Abkühlen lassen.

In der Zwischenzeit den Ricotta, den Mascarpone, die Crème double, die Eier, den Zucker, das Mehl sowie die Zitronenschale und den -saft im Blitzhacker zu einer glatten Masse verarbeiten.

Die Rosinen abgießen, den Marsala auffangen und unter die Käsemasse rühren.

Die Käsemasse auf dem Keksrümelboden verteilen und mit den Rosinen bestreuen (die Rosinen werden während des Backens auf den Boden sinken). 1 ¼ Stunden lang backen bzw. so lange, bis der Kuchen goldgelb ist und ganz leicht schwabbelt. In der Backform auf Zimmertemperatur abkühlen lassen, anschließend im Kühlschrank kalt werden lassen.

Mit Puderzucker bestäuben, in Stücke schneiden und servieren.

* Marsala ist ein italienischer Likörwein und in ausgewählten Getränkehandlungen erhältlich.

Millefeuille mit Krokantcreme, Himbeeren und Mango

2 Platten TK-Blätterteig, aufgetaut
70 g Puderzucker, gesiebt
110 g Zucker
40 g blanchierte Mandeln, geröstet
250 g Mascarpone
250 g Himbeeren
1 kleine Mango, in Scheiben geschnitten

Ergibt 12 Stück

Den Backofen auf 200 °C vorheizen. 2 Backbleche mit Backpapier auslegen und ein weiteres Backblech dünn einfetten. Den Teig in 24 Rechtecke à 12 × 4 cm schneiden. Auf die mit Backpapier belegten Backbleche legen und mit der Hälfte des Puderzuckers bestäuben. Die Teigrechtecke mit Backpapier abdecken und mit schweren Backblechen beschweren. 25 Minuten lang backen bzw. so lange, bis der Teig goldgelb ist. Abkühlen lassen.

Den Zucker mit 2 EL Wasser in einen Topf geben und bei milder Hitze so lange erwärmen, bis der Zucker geschmolzen ist. Währenddessen den Topf gelegentlich schwenken. Anschließend die Hitze erhöhen und den Zucker bei mittlerer bis starker Hitze weitere 3–4 Minuten erhitzen, bis er zu goldbraunem Karamell geworden ist. Währenddessen den Topf wieder gelegentlich schwenken. Vom Herd nehmen, die Mandeln unterrühren und die Masse auf das gefettete Backblech gießen. Abkühlen lassen.

Den festgewordenen Krokant in Stücke brechen und im Blitzhacker grob mahlen. 1 EL Krokant beiseite nehmen, den Rest mit dem Mascarpone vermischen. Beiseite stellen.

Die Hälfte der gebackenen Teigrechtecke mit dem restlichen Puderzucker bestäuben. Einen Metallspieß vorsichtig über offener Flamme stark erhitzen und gitterförmig in die Puderzuckerschicht drücken.

Zum Anrichten die unbestäubten Teigrechtecke mit der Mascarponemischung bestreichen und mit ein paar Himbeeren sowie einer Mangoscheibe belegen. Zuletzt die mit Puderzucker bestäubten Teigrechtecke vorsichtig auflegen. Zum Servieren mit eventuell übrig gebliebenen Himbeeren und dem zurückbehaltenen Krokant dekorieren.

Apfel-Galette

6 Granny-Smith-Äpfel
2 EL Zitronensaft
375 g TK-Blätterteig, aufgetaut
100 g Butter in Stückchen
185 g Zucker
Sahne oder Vanilleeis zum Servieren

4–6 Portionen

Den Backofen auf 180 °C vorheizen. Ein Back- oder Pizzablech mit Backpapier auslegen.

Die Äpfel schälen, entkernen und in sehr dünne Scheiben schneiden (ein Gemüsehobel ist ideal geeignet). Behutsam in Zitronensaft wenden, um zu verhindern, dass sich die Scheiben verfärben.

Den Teig auf einer leicht bemehlten Arbeitsfläche 5 mm dünn ausrollen und einen sauberen Kreis mit 28 cm Durchmesser ausschneiden. Auf das vorbereitete Backblech legen. Die Apfelscheiben kreisförmig auf den Teig legen. Dabei sollen sich sowohl die Scheiben als auch die Kreise überlappen, damit alle Apfelscheiben auf den Boden passen. Mit den Butterstückchen belegen und mit der Hälfte des Zuckers bestreuen. Mit einem weiteren Bogen Backpapier belegen und einem zweiten schweren Backblech beschweren. 35 Minuten lang backen.

Das obere Backblech und das Backpapier vorsichtig abnehmen (Vorsicht: Verbrennungsgefahr!). Mit dem restlichen Zucker bestreuen und ohne Abdeckung für weitere 10–15 Minuten zurück in den Ofen schieben, bis der Zucker schön karamellisiert ist. Die Galette in Stücke schneiden und noch warm mit Sahne oder Vanilleeis servieren.

Gin-Tonic-Tarte

4 Eier
165 g Zucker
1 EL fein geriebene Bio-Zitronenschale
185 ml Zitronensaft, durch ein Sieb gegossen
150 ml Crème double
60 ml Gin

Teig
200 g Mehl, gesiebt
35 g Puderzucker, gesiebt
75 g kalte Butter in Stückchen
2 TL Bio-Zitronenschale
1 Eigelb
60 ml kaltes Tonic Water

Gin-Tonic-Sirup
150 g Zucker
250 ml Tonic Water
sehr fein geschnittene Schale und Saft von 2 Zitronen
60 ml Gin
5 Wacholderbeeren, leicht gequetscht

8–10 Portionen

Für den Teig das Mehl, den Puderzucker, die Butter und die Zitronenschale in einen Blitzhacker geben und so lange mixen, bis feine Krümel entstanden sind. Das Eigelb und das Tonic Water hinzufügen. Den Teig in Frischhaltefolie wickeln und 30 Minuten lang kalt stellen.

Den Backofen auf 180 °C vorheizen. Eine Tarteform mit herausnehmbarem Boden und 23 cm Durchmesser einfetten. Den Teig auf einer leicht bemehlten Arbeitsfläche 5 mm dünn ausrollen und die Tarteform damit auskleiden. 15 Minuten lang kalt stellen.

Den Tarteboden mit Backpapier belegen und dieses mit Blindbackbohnen oder ungekochtem Reis beschweren. 10 Minuten lang backen, dann das Papier und die Bohnen bzw. den Reis entfernen und den Boden weitere 5 Minuten goldgelb backen. Abkühlen lassen.

Die Eier, den Zucker, die Zitronenschale und den -saft, die Crème double und den Gin miteinander verquirlen. Die Füllung auf den Tarteboden geben und 20–25 Minuten lang backen, bis sie gerade gestockt ist.

In der Zwischenzeit für den Sirup den Zucker, das Tonic Water und den Zitronensaft in einem Topf bei milder Hitze unter Rühren so lange erwärmen, bis sich der Zucker aufgelöst hat. Den Gin und die Wacholderbeeren hinzufügen und 5–10 Minuten lang köcheln lassen, bis die Flüssigkeit leicht eingedickt ist. Die Zitronenschale in kochendem Wasser 2 Minuten lang blanchieren, abgießen und zum Sirup geben. Weitere 5 Minuten lang köcheln lassen, anschließend abkühlen lassen. Die Wacholderbeeren aus dem Gin-Tonic-Sirup nehmen, dann den Sirup über die Tarte träufeln und servieren.

Ingwer-Küchlein mit Chiliguss

175 g weiche Butter
175 g Zucker
3 Eier
250 g Mehl, gesiebt
2 ½ TL Backpulver
1 TL gemahlener Ingwer
1 Prise Cayennepfeffer
100 g eingelegter Ingwer in Sirup*, fein gehackt
1 lange rote Chilischote, Kerne entfernt, fein gehackt
150 g Puderzucker, gesiebt

Ergibt 12 Stück

Den Backofen auf 180 °C vorheizen. Eine Muffinbackform mit 12 Vertiefungen einfetten.

Die Butter und den Zucker in einer Rührmaschine schaumig schlagen. Die Eier einzeln hinzufügen und jeweils gründlich unterschlagen. Das Mehl, das Backpulver und die Gewürze unterheben, anschließend den Großteil des gehackten Ingwers und 2 EL Ingwersirup unterrühren. In die Muffinbackform füllen und 20 Minuten lang backen bzw. so lange, bis die Küchlein goldbraun sind und an einem in die Mitte gesteckten Spieß beim Herausziehen keine Teigreste mehr haften. Kurz in der Form abkühlen lassen, dann zum Auskühlen auf ein Kuchengitter stürzen.

In der Zwischenzeit die gehackte Chilischote in 1 EL kochendem Wasser 15 Minuten lang einweichen lassen. Die Chili und die Einweichflüssigkeit mit den restlichen 2 EL Ingwersirup verrühren. Den Puderzucker hinzufügen und alles zu einem dickflüssigen Guss verrühren.

Den Chiliguss über die abgekühlten Küchlein träufeln und mit dem restlichen gehackten Ingwer dekorieren.

* Eingelegten Ingwer in Sirup gibt es im Asialaden und in ausgewählten Supermärkten.

Einfache Baklava

500 g ungesalzene gemischte Nüsse (z. B. Walnüsse, Pistazien und Mandeln)
250 g Honig
250 g Zucker
Schale und Saft von 2 Bio-Orangen
2 Kardamomkapseln, zerstoßen
1 Zimtstange
12 Blätter Filoteig
80 g Butter, zerlassen
Vanilleeis zum Servieren

6 Portionen

Den Backofen auf 200 °C vorheizen. Die Nüsse auf einem Backblech verteilen und 5 Minuten lang rösten. Etwas abkühlen lassen, dann im Blitzhacker fein mahlen und beiseite stellen.

In der Zwischenzeit den Honig, den Zucker, die Orangenschale, den Orangensaft, den Kardamom, die Zimtstange und 300 ml Wasser in einem Topf vermischen und bei mittlerer Hitze aufsetzen. 5 Minuten lang kochen lassen bzw. so lange, bis die Mischung sirupartig ist, anschließend abkühlen lassen.

Ein Blatt Filoteig auf eine Arbeitsfläche legen und mit zerlassener Butter bestreichen. Ein zweites Blatt auflegen und mit Butter bestreichen. Mit einer Schicht Nüsse bestreuen, dabei einen 1 cm breiten Rand freilassen. Die beiden kurzen Seiten nach innen umklappen und den Teig relativ eng aufrollen. Mit der Naht nach unten auf ein gefettetes Backblech legen. Den Vorgang mit dem restlichen Teig, der Butter und den Nüssen wiederholen, sodass sich insgesamt 6 Rollen ergeben. In 5–6 Minuten goldbraun backen.

Die Rollen etwas abkühlen lassen, dann in Stücke schneiden. In eine flache Schale legen, mit dem abgekühlten Sirup übergießen und mindestens 1 Stunde lang stehen lassen.

Mit Vanilleeis servieren und dieses mit etwas Sirup beträufeln.

Marmorierte Schokoladen-Baisers mit glasierten Erdbeeren

4 Eiweiß
220 g Zucker
2 TL Speisestärke
1 TL Weißweinessig
2 EL Kakaopulver
110 g Erdbeerkonfitüre
250 g Erdbeeren, entstielt und halbiert
300 ml Schlagsahne
2 EL Puderzucker, gesiebt
1 Vanilleschote, längs aufgeschlitzt, das Mark herausgeschabt

6 Portionen

Den Backofen auf 140 °C vorheizen. Ein großes Backblech mit Backpapier auslegen.

Die Eiweiße und den Zucker in eine hitzebeständige Schüssel geben, diese auf einen Topf mit leise siedendem Wasser setzen (die Schüssel darf das Wasser nicht berühren) und so lange rühren, bis sich der Zucker aufgelöst hat. In eine Rührmaschine umfüllen und steif schlagen. Die Speisestärke und den Essig mit einem Metalllöffel behutsam unterheben. Das Kakaopulver über den Eischnee sieben und mit dem Metalllöffel vorsichtig durchrühren, sodass eine hübsche Marmorierung entsteht.

Die Baisermasse in 6 großen runden Klecksen auf das vorbereitete Backblech geben und mit dem Rücken eines Löffels mittig je eine flache Vertiefung drücken. In den Ofen schieben und die Temperatur sofort auf 120 °C reduzieren. 1 ¼ Stunden lang backen, bis die Baisers knusprig und trocken sind. Den Backofen abschalten und die Klappe leicht aufstehen lassen. Die Baisers im Ofen vollständig erkalten lassen.

In der Zwischenzeit die Konfitüre mit 60 ml kaltem Wasser in einen Topf geben und bei milder Hitze unter behutsamem Rühren so lange erwärmen, bis sich die Konfitüre verflüssigt hat und sirupartig ist. Vom Herd nehmen und die Erdbeeren unterrühren. Abkühlen lassen.

Die Sahne mit dem Puderzucker und dem Vanillemark halbsteif schlagen. Bis zum Servieren im Kühlschrank aufbewahren.

Zum Servieren etwas Schlagsahne auf die Baisers geben sowie einen Löffel von den glasierten Erdbeeren und etwas Sirup.

Crêpes-Torte mit Grand Marnier

600 ml Sahne
120 g Puderzucker und zusätzlich zum Bestäuben
2 TL fein geriebene Bio-Orangenschale und zusätzlich in Streifen geschnittene Schale von 2 Bio-Orangen
1 TL Vanilleextrakt
185 ml Grand Marnier
250 g Zucker

Crêpes
300 g Mehl
1 TL Backpulver
2 EL Puderzucker
4 Eier
450 ml Milch
250 ml Sahne
½ TL Vanilleextrakt
100 g Butter, zerlassen und abgekühlt

8–10 Portionen

Für die Crêpes alle Zutaten außer der Butter in einer Küchenmaschine zu einem glatten Teig verarbeiten, in einen Krug füllen und 30 Minuten lang bei Zimmertemperatur stehen lassen. Eine 20 cm große Crêpepfanne oder eine kleine Bratpfanne bei mittlerer Hitze heiß werden lassen und mit etwas zerlassener Butter bestreichen. 60 ml Crêpeteig einfüllen und die Pfanne schwenken, um den Teig gleichmäßig zu verteilen. Auf jeder Seite 2 Minuten lang backen. Aus dem restlichen Teig ca. 30 Crêpes backen und diese mit Backpapier zwischen den Schichten stapeln.

Die Sahne, den Puderzucker, die fein geriebene Orangenschale, den Vanilleextrakt und 60 ml Grand Marnier steif schlagen. Eine Springform mit 20 cm Durchmesser einfetten, den Boden mit Backpapier auslegen. Die Crêpes in die Form schichten und dabei jede Crêpe dünn mit der Sahnemischung bestreichen. Mit einer Crêpe abschließen. Zugedeckt mindestens 4 Stunden lang im Kühlschrank fest werden lassen.

Den Zucker und 100 ml Wasser in einem Topf bei milder Hitze so lange verrühren, bis sich der Zucker aufgelöst hat. Den Herd auf mittlere Stufe stellen und den Zuckersirup ohne zu rühren 6–8 Minuten lang köcheln lassen, bis er goldbraun ist. Vom Herd ziehen und vorsichtig 150 ml kochendes Wasser (das könnte spritzen) und die Orangenzesten hinzufügen. Bei milder bis mittlerer Hitze wieder aufsetzen und 2–3 Minuten lang unter Rühren köcheln lassen, bis die Soße eingedickt ist. Die restlichen 125 ml Grand Marnier hinzufügen und vermischen.

Die kalte Torte in Stücke schneiden und mit etwas Orangensoße und Puderzucker servieren.

Klassischer Vanille-Käsekuchen

- 300 g Schokoladenkekse, ersatzweise Butterkekse und 1 EL Kakaopulver
- 70 g zerlassene Butter
- 750 g Frischkäse
- 150 g Crème double
- 1 Vanilleschote, längs aufgeschlitzt, das Mark herausgekratzt
- 2 Eier und 8 Eigelb
- 240 g Zucker
- 600 g saure Sahne
- Himbeeren oder andere Beeren der Saison und Pfefferminzblätter zum Servieren
- 250 ml Schokoladensoße zum Servieren

Schokoladensoße

- 185 g brauner Zucker
- 60 g Butter
- 300 ml Sahne
- 100 g dunkle Schokolade (70 % Kakaoanteil), gehackt

12 Portionen

Für die Schokoladensoße den braunen Zucker, die Butter und die Sahne in einen Topf geben und bei mittlerer Hitze zum Kochen bringen. Vom Herd ziehen und die Schokolade hinzufügen. So lange rühren, bis die Schokolade geschmolzen ist. Abkühlen lassen.

Den Backofen auf 160 °C vorheizen. Eine rechteckige Backform (20 × 30 cm) mit Backpapier auskleiden.

Die Kekse im Blitzhacker zu feinen Krümeln verarbeiten, die Butter untermischen. Die Keksmischung auf dem Boden der Backform festdrücken und 10 Minuten lang backen. Vollständig erkalten lassen.

Die Backofentemperatur auf 110 °C reduzieren.

Den Frischkäse, die Crème double, das Vanillemark, die Eier, die Eigelbe und 200 g Zucker in den gesäuberten Blitzhacker geben und zu einer glatten Masse verarbeiten. Die Frischkäsemasse über den Kuchenboden gießen und 1 Stunde und 15 Minuten lang backen, bis sie gestockt ist.

In der Zwischenzeit die saure Sahne und die restlichen 40 g Zucker im Blitzhacker glatt rühren. Die saure Sahne über den Käsekuchen gießen und nochmals für 15 Minuten in den Backofen schieben. Der Käsekuchen ist dann immer noch leicht schwabbelig. Den Backofen abschalten und den Käsekuchen im Backofen bei leicht geöffneter Klappe abkühlen lassen. Den abgekühlten Kuchen 3 Stunden lang oder über Nacht kalt stellen.

Den Käsekuchen in 12 Stücke schneiden und mit den Beeren und Pfefferminzblättern oder der Schokoladensoße oder beidem servieren.

Honig-Pots-de-Crème

180 g Honig und zusätzlich zum Servieren
300 ml Sahne
250 ml Milch
2 EL Zucker
1 Vanilleschote, längs aufgeschlitzt, das Mark herausgekratzt
1 Ei und 5 Eigelb
weiche Karamellbonbons und geschmolzene dunkle Schokolade zum Servieren

6 Portionen

Den Backofen auf 160 °C vorheizen.

Den Honig, die Sahne und die Milch in einen Topf geben und bei mittlerer Hitze verrühren. Bis kurz vor den Siedepunkt erhitzen, dann vom Herd ziehen und beiseite stellen.

In der Zwischenzeit den Zucker, das Vanillemark, das Ei und die Eigelbe mit dem elektrischen Handrührgerät schaumig schlagen. Die Milchmischung zur Eimischung gießen und behutsam verrühren, dabei darauf achten, dass nicht zu viel Schaum entsteht. Die Mischung durch ein Sieb in einen Krug gießen, anschließend in 6 Förmchen (oder feuerfeste Gläser) à 185 ml Inhalt gießen.

Die Förmchen in einen hohen Bräter stellen und so viel kochendes Wasser einfüllen, dass die Förmchen zur Hälfte im Wasser stehen. 50–60 Minuten lang garen, bis die Masse gestockt, aber noch ein wenig schwabbelig ist. Abkühlen lassen, anschließend 1 Stunde lang kalt stellen.

Die Pots de Crème mit zusätzlichem Honig beträufeln und mit den in die geschmolzene Schokolade getauchten Karamellbonbons servieren.

Persisches Trifle

2 EL Cointreau oder ein anderer Orangenlikör
fein geriebene Schale und Saft von 1 Bio-Orange
fein geriebene Schale und Saft von 1 Bio-Zitrone
75 g Puderzucker, gesiebt
300 g gekaufter heller Biskuitboden, in 2 cm große Stücke geschnitten
12 Stücke (240 g) Lokum, gehackt
1 EL Rosenwasser*
300 ml dickflüssige Vanillesoße
300 ml Sahne
250 g Joghurt griechischer Art
Saft und Kerne von 1 Granatapfel (optional)
getrocknete essbare Rosenblütenblätter* und gehackte ungesalzene Pistazien (optional) zum Servieren

6 Portionen

Den Cointreau, den Saft und die Schale der Zitrusfrüchte und 35 g Puderzucker in einer Schüssel so lange verrühren, bis sich der Zucker aufgelöst hat. Beiseite stellen.

Den Biskuit auf 6 Dessertgläser (à 375 ml Inhalt) verteilen, mit der Cointreaumischung beträufeln und mit der Hälfte des Lokums bestreuen. Das Rosenwasser unter die Vanillesoße rühren und diese in die Dessertgläser gießen.

Die Sahne mit dem restlichen Puderzucker halbsteif schlagen, den Joghurt unterziehen. In Klecksen auf die Vanillesoße geben und für mindestens 6 Stunden kalt stellen.

Nach Belieben die Trifles mit dem Granatapfelsaft beträufeln und mit Granatapfelkernen, Rosenblütenblättern und Pistazien dekorieren. Mit dem restlichen Lokum bestreut servieren.

* Getrocknete essbare Rosenblütenblätter sind in orientalischen Lebensmittelgeschäften oder übers Internet erhältlich, Rosenwasser findet man ebenfalls in orientalischen Lebensmittelgeschäften oder in Feinkostläden.

Kokos-Crème-Caramel

500 g Zucker
400 ml Kokosmilch aus der Dose
300 ml Sahne
300 ml Milch
2 Eier und 7 Eigelb
Früchte der Saison zum Servieren

6 Portionen

Beginnen Sie mit der Zubereitung dieses Desserts einen Tag im Voraus.

Den Backofen auf 160 °C vorheizen. 300 g Zucker und 2 EL kaltes Wasser in einen Topf geben und bei milder bis mittlerer Hitze unter Rühren so lange erwärmen, bis sich der Zucker auflöst. Die Hitzezufuhr erhöhen und den Zucker auf mittlerer Stufe 5–6 Minuten lang erhitzen, bis er goldbraun bzw. karamellfarben ist. Währenddessen den Topf gelegentlich schwenken. In eine runde Kuchenform (keine Springform) mit 20 cm Durchmesser gießen.

Die Kokosmilch, die Sahne, die Milch und die restlichen 200 g Zucker in einen Topf geben und bei mittlerer Hitze bis kurz vor den Siedepunkt erhitzen, anschließend vom Herd ziehen.

Die Eier und Eigelbe in einer großen Schüssel kurz verquirlen, dann die warme Milchmischung hinzugießen und mit dem Schneebesen behutsam unterrühren. Durch ein Sieb in einen Krug gießen, dann über das Karamell gießen.

Die Kuchenform in einen hohen Bräter stellen. Den Bräter mit so viel kochendem Wasser füllen, dass die Kuchenform zur Hälfte im Wasser steht. Den Bräter lose mit Alufolie abdecken und die Crème Caramel 1 Stunde lang garen. Sie sollte dann noch etwas schwabbelig sein, wird aber während des Abkühlens fester werden. In der Form abkühlen lassen und über Nacht kalt stellen.

Um die Crème Caramel aus der Form zu nehmen, den Boden der Form kurz in heißes Wasser tauchen und die Crème Caramel vorsichtig auf einen Teller stürzen. In Stücke schneiden und mit Früchten der Saison servieren.

Sommerlicher Brotauflauf

600 g gefrorene gemischte Beeren
110 g Zucker
10 Scheiben Kastenweißbrot, entrindet und in Dreiecke geschnitten
flüssige Schlagsahne zum Servieren

6 Portionen

Die Beeren mit dem Zucker und 60 ml Wasser in einen Topf geben und bei mittlerer Hitze zum Kochen bringen. Die Hitzezufuhr reduzieren und die Beeren bei milder Hitze 3–4 Minuten lang köcheln lassen, bis sich der Zucker aufgelöst hat und die Beeren anfangen, Saft abzugeben.

Ein Drittel der Brotscheiben in eine Servierschüssel mit 1 l Fassungsvermögen schichten, nötigenfalls Brotscheiben zurechtschneiden. Mit Hilfe eines Schaumlöffels das Brot mit der Hälfte der Beerenmischung belegen. Diesen Vorgang mit einer Schicht Brot und den restlichen Beeren wiederholen, zuletzt eine Schicht Brotscheiben auflegen. Die im Topf verbliebene Flüssigkeit über das Brot gießen und dieses gut andrücken. Zugedeckt für mindestens 30 Minuten in den Kühlschrank stellen, dann mit der Sahne beträufelt servieren.

Crème brûlée mit weißer Schokolade

300 ml Sahne
100 ml Milch
1 Vanilleschote, längs aufgeschlitzt, das Mark herausgeschabt
200 g weiße Schokolade, gehackt
4 Eigelb, verquirlt
55 g Zucker

Blaubeerkompott
55 g Zucker
200 g Blaubeeren
Saft von 1 Limette

4 Portionen

Die Sahne, die Milch, die Vanilleschote und das -mark in einen Topf geben und bei milder bis mittlerer Hitze bis kurz vor den Siedepunkt erhitzen. Die Schokolade in eine Schüssel geben und mit der heißen Sahnemischung übergießen. 2 Minuten lang rühren, bis eine glatte Flüssigkeit entstanden ist. Die Eigelbe hinzufügen und bei sehr milder Hitze wieder aufsetzen. Unter Rühren 2–3 Minuten lang erwärmen, bis die Mischung leicht eingedickt ist. Durch ein Sieb in einen Krug gießen, anschließend in 4 Gläser oder Förmchen à 200 ml Inhalt füllen und im Kühlschrank fest werden lassen.

In der Zwischenzeit für das Blaubeerkompott den Zucker und 2 EL Wasser in einen Topf geben und bei milder Hitze unter Rühren so lange erwärmen, bis sich der Zucker aufgelöst hat. Anschließend bei mittlerer Hitze 1–2 Minuten lang köcheln lassen, bis die Flüssigkeit sirupartig ist. Die Blaubeeren und den Limettensaft hinzufügen und ca. 2 Minuten lang kochen lassen, bis die Beeren Saft abgeben. Bis zum Servieren im Kühlschrank aufbewahren.

Die Crèmes mit dem Zucker bestreuen und diesen mit einem Gourmetbrenner karamellisieren. Alternativ können Sie auch den Backofengrill stark aufheizen und die Crèmes so lange unter den Grill stellen, bis der Zucker schmilzt und karamellisiert. Einen Klecks Blaubeerkompott auf die Crèmes geben und sofort servieren.

Lokum-Käsekuchen

300 g Butterkekse
25 g Kakaopulver, gesiebt
80 g zerlassene Butter
8 Blatt Gelatine
1 kg Frischkäse, zimmerwarm
275 g Zucker
80 ml Milch
300 ml Sahne
60 ml Rosenwasser
500 g Erdbeeren, entstielt und halbiert

8–10 Portionen

Eine Springform mit 22 cm Durchmesser einfetten. Die Kekse und das Kakaopulver im Blitzhacker zu feinen Krümeln verarbeiten. Die Butter hinzufügen und unterrühren. Die Mischung in die Kuchenform drücken und kalt stellen.

5 Gelatineblätter 5 Minuten lang in kaltem Wasser einweichen. In der Zwischenzeit den Frischkäse mit 165 g Zucker glatt rühren. Die Milch in einem Topf bis kurz vor den Siedepunkt erhitzen. Die Gelatine gründlich ausdrücken und zur Milch geben. So lange rühren, bis sich die Gelatine aufgelöst hat. Etwas abkühlen lassen, dann zur Frischkäsemasse geben und vermischen.

Die Sahne steif schlagen, anschließend mit 1 EL Rosenwasser unter die Frischkäsemasse heben. Die Füllung über den Boden geben. Mit Frischhaltefolie abdecken und 4 Stunden lang in den Kühlschrank stellen.

Die Erdbeeren und den restlichen Zucker mit 125 ml Wasser in eine hitzebeständige Schüssel geben und so lange rühren, bis sich der Zucker aufgelöst hat. Die Schüssel fest mit Alufolie abdecken und auf einen Topf mit siedendem Wasser setzen. 20 Minuten lang sieden lassen, bis die Erdbeeren sehr weich sind.

Die restlichen 3 Gelatineblätter 5 Minuten lang in kaltem Wasser einweichen. Die Erdbeermischung durch ein feines Sieb in eine Schüssel gießen. Die Gelatine ausdrücken und im warmen Saft auflösen. Das restliche Rosenwasser unterrühren. Vollständig erkalten lassen, anschließend für 15 Minuten in den Kühlschrank stellen. Das Erdbeergelee über den Käsekuchen gießen und diesen nochmals für 3–4 Stunden in den Kühlschrank stellen.

Cremets mit Karamellorangen

200 g Frischkäse
55 g Zucker
500 ml Sahne
1 Vanilleschote, längs aufgeschlitzt, das Mark herausgeschabt

Karamellorangen
4 Orangen
330 g Zucker
3 Sternanis
2 Zimtstangen

6 Portionen

Aus Mull-/Käsetuch oder Frischhaltefolie 6 Quadrate ausschneiden und damit 6 Teetassen oder Timbaleförmchen mit 150 ml Inhalt auskleiden, dabei reichlich Stoff bzw. Folie über den Rand der Förmchen hängen lassen.

Den Frischkäse und den Zucker glatt rühren. Unter ständigem Rühren langsam die Sahne einfließen lassen, anschließend das Vanillemark unterrühren. Die Frischkäsemasse in die Tassen oder Förmchen drücken, mit dem überhängenden Stoff bzw. der Folie bedecken. Mindestens 2 Stunden oder über Nacht in den Kühlschrank stellen, bis die Creme fest ist.

Für die Karamellorangen die Früchte von der Schale und der weißen Schicht befreien und quer in dünne Scheiben schneiden. Die Orangenscheiben in einer Schicht in eine Auflaufform legen. Den Zucker und 375 ml Wasser in einen Topf geben und unter Rühren bei milder Hitze so lange erwärmen, bis sich der Zucker aufgelöst hat. Die Gewürze hinzufügen und die Mischung bei mittlerer bis starker Hitze zum Kochen bringen. Die Hitzezufuhr wieder reduzieren und die Mischung ohne zu rühren auf mittlerer Stufe 10–15 Minuten lang köcheln lassen, bis ein goldbraunes Karamell entstanden ist. Währenddessen mit einem nassen Backpinsel am Topfrand nach unten streichen, um zu verhindern, dass sich Kristalle bilden. Das heiße Karamell über die Orangenscheiben gießen und 1–2 Stunden lang bei Zimmertemperatur stehen lassen.

Zum Anrichten den Boden der Förmchen kurz in heißes Wasser tauchen und die Cremets vorsichtig auf Dessertteller stürzen. Mit den Karamellorangen servieren.

Brombeer-Joghurteis mit Beerenkaramell

150 g frische Brombeeren oder aufgetaute TK-Brombeeren
1 395-g-Dose gesüßte Kondensmilch
500 g Joghurt griechischer Art

Beerenkaramell
220 g Zucker
100 g frische oder aufgetaute TK-Brombeeren
1 TL Vanilleextrakt

6–8 Portionen

Die Brombeeren für das Eis im Blitzhacker pürieren. Die Kondensmilch und den Joghurt unterrühren, anschließend in eine Eismaschine füllen und nach Gebrauchsanweisung zu Eis verarbeiten. (Alternativ die Masse in eine flache Schale gießen und für 2 Stunden ins Tiefkühlfach stellen, bis sie an den Rändern gefroren ist. Herausnehmen, mit dem elektrischen Handrührgerät einmal durchrühren und wieder zurück ins Tiefkühlfach stellen. Diesen Vorgang 2- bis 3-mal wiederholen.) 3–4 Stunden lang einfrieren, bis das Eis fest ist.

In der Zwischenzeit für das Brombeerkaramell den Zucker und 2 EL Wasser in einen Topf geben und bei milder Hitze unter Rühren so lange erwärmen, bis sich der Zucker aufgelöst hat. Die Hitzezufuhr erhöhen und den Zucker auf mittlerer bis hoher Stufe weitere 3–4 Minuten lang erhitzen, bis er hell karamellfarben ist. Währenddessen den Topf gelegentlich schwenken. Etwas abkühlen lassen. Die Brombeeren mit dem Vanilleextrakt in den gesäuberten Blitzhacker geben und glatt pürieren, anschließend unter das Karamell rühren und vollständig erkalten lassen.

Das Brombeer-Joghurteis mit Beerenkaramell beträufelt servieren.

Baisers mit Schokoladeneis und heißer weißer Schokoladensoße

200 g hochwertige dunkle Schokolade, gehackt
50 ml frisch gebrühter Espresso
400 g Vanillesoße
300 ml Sahne
4 Baisernester
Kakaopulver zum Bestäuben

Weiße Schokoladensoße
75 g weiße Schokolade, gehackt
100 ml Sahne

4 Portionen

Die Schokolade und den Kaffee in eine hitzebeständige Schüssel geben und diese auf einen Topf mit siedendem Wasser setzen (die Schüssel darf das Wasser nicht berühren). Unter Rühren schmelzen lassen, dann vom Topf nehmen.

In einer separaten Schüssel die Vanillesoße mit der Sahne vermischen, dann die Schokoladenmischung unterrühren. In einer Eismaschine nach Gebrauchsanweisung zu Eiscreme verarbeiten. (Alternativ können Sie die Masse auch in eine flache Schale gießen und für 2–3 Stunden ins Tiefkühlfach stellen, bis die Masse an den Rändern gefroren ist. Herausnehmen, mit dem elektrischen Handrührgerät einmal durchrühren und wieder einfrieren. Diesen Vorgang 2- bis 3-mal wiederholen.)

Unmittelbar vor dem Servieren die Schokoladensoße vorbereiten. Hierfür die Schokolade und die Sahne in eine hitzebeständige Schüssel geben, diese auf einen Topf mit siedendem Wasser setzen (die Schüssel darf das Wasser nicht berühren) und unter Rühren so lange erwärmen, bis die Schokolade geschmolzen ist. Warm halten.

Die Baisers auf Dessertteller setzen und jeweils eine Kugel Schokoeis daraufgeben. Mit Kakao bestäuben und mit der warmen Schokoladensoße beträufeln.

Pistazien-Dattel-Kulfi

- 100 g ungesalzene Pistazienkerne
- 1 395-g-Dose gesüßte Kondensmilch
- 300 ml Sahne
- 125 g frische entsteinte Datteln, fein gehackt
- 1 EL Orangenblütenwasser
- 3 Orangen, 1 davon Bio
- 110 g Zucker

6 Portionen

6 Timbaleförmchen mit je 150 ml Inhalt mit Frischhaltefolie auskleiden, etwas davon über den Rand hängen lassen.

Die Pistazien mit der Kondensmilch im Blitzhacker so lange pürieren, bis die Pistazien fein gemahlen sind und eine grobe Paste entstanden ist.

Die Sahne in einer großen Schüssel steif schlagen, dann die Kondensmilchmischung, die Datteln und das Orangenblütenwasser unterheben.

Die Masse auf die Förmchen verteilen, mit der überhängenden Frischhaltefolie bedecken und mindestens 6 Stunden lang oder über Nacht im Tiefkühlfach fest werden lassen.

Mit einem Zestenreißer die Schale der Bio-Orange in Zesten schneiden. Die Orange sowie eine weitere auspressen. Die Zesten zusammen mit dem Saft, dem Zucker und 125 ml Wasser in einen Topf geben. Bei milder Hitze unter Rühren so lange erwärmen, bis sich der Zucker aufgelöst hat. Anschließend 5 Minuten lang köcheln lassen, bis der Sirup etwas eingedickt ist. Beiseite stellen und abkühlen lassen.

Vor dem Servieren die letzte Orange schälen und quer in Scheiben schneiden. Auf einen Servierteller legen und etwas kandierte Orangenschale und Sirup darübergeben. Die Kulfis auf Dessertteller stürzen, mit der restlichen Orangenschale bestreuen, mit dem Sirup beträufeln und mit den Orangenscheiben servieren.

Erdnussbuttereis mit Karamellpopcorn

1 l Vanilleeis, etwas angetaut
280 g Erdnussbutter mit Stückchen
220 g Zucker
20 g Butter
1 100-g-Paket Mikrowellen-Popcorn, nach Packungsanweisung zubereitet
100 g gesalzene Erdnüsse, zerstoßen
½ TL Meersalz
Karamellsoße (s. S. 56) zum Servieren

6–8 Portionen

Das Vanilleeis und die Erdnussbutter im Blitzhacker vermischen. In eine mit Frischhaltefolie ausgekleidete Terrinen- oder Kastenkuchenform mit 1 l Inhalt füllen und 4 Stunden lang ins Tiefkühlfach stellen bzw. so lange, bis das Eis wieder fest ist.

Den Zucker und 100 ml Wasser in einen Topf geben und bei milder Hitze unter Rühren zum Sieden bringen, damit sich der Zucker auflöst. Unter sorgfältiger Beobachtung 6–8 Minuten lang köcheln lassen, bis ein helles Karamell entstanden ist. Die Butter, das Popcorn und die Erdnüsse hinzufügen und schnell verrühren, damit die Zutaten von Karamell umhüllt werden. (Die Mischung wird erstarren, aber erhitzen Sie sie weiterhin bei milder bis mittlerer Hitze, bis das Karamell wieder weich ist.) Anschließend das Meersalz unterrühren.

Die Mischung auf einen Bogen Backpapier streichen. Wenn das Karamellpopcorn ausreichend abgekühlt ist, in kleine Stücke brechen.

Das Eis stürzen und in keilförmige Scheiben schneiden. Mit dem Karamellpopcorn und mit Karamellsoße beträufelt servieren.

Eistarte

400 g Schokoladenkekse mit Cremefüllung (z. B. Oreo)
120 g Butter, zerlassen
150 ml trockener Weißwein
2 EL Weinbrand
fein geriebene Schale und Saft von 2 Bio-Zitronen
fein geriebene Schale von 1 Bio-Orange
1 TL Vanilleextrakt
70 g Zucker
500 ml Sahne
2 Mangos

6–8 Portionen

Den Boden einer Tarteform mit 22 cm Durchmesser und herausnehmbarem Boden mit Backpapier auslegen.

Die Kekse im Blitzhacker zu feinen Krümeln verarbeiten. Die zerlassene Butter hinzufügen und kurz untermischen. Die Kekskrümelmischung sorgfältig auf dem Boden und am Rand der Tarteform festdrücken. Während der Zubereitung der Füllung die Tarteform kalt stellen.

Den Blitzhacker säubern und den Weißwein, den Weinbrand, die Schale und den Saft der Zitrusfrüchte, den Vanilleextrakt und den Zucker einfüllen. So lange mixen, bis alles vermischt ist und sich der Zucker aufgelöst hat, dann bei laufendem Messer die Sahne eingießen und ca. 1 Minuten lang mixen, bis eine homogene und dicke Creme entstanden ist.

Die Masse auf den Tarteboden geben und mindestens 3 Stunden lang einfrieren. Ca. 30 Minuten vor dem Servieren die Tarte in den Kühlschrank stellen, damit sie etwas weicher wird.

In der Zwischenzeit den Blitzhacker nochmals säubern und das Mangofruchtfleisch darin zu einem glatten Püree verarbeiten.

Unmittelbar vor dem Servieren die Tarte aus der Form nehmen und auf eine Tortenplatte setzen. Mit etwas Püree beträufeln, in Stücke schneiden und mit dem restlichen Püree servieren.

Blanco y negro

500 ml Milch
150 ml Sahne
150 g Zucker
abgeriebene Schale von
1 Bio-Zitrone
2 Zimtstangen
1 EL Weinbrand
3 Eiweiß
heißer Espresso zum Servieren
Mandelkrokant zum Servieren (optional)

4 Portionen

Die Milch, die Sahne und 100 g Zucker mit der Zitronenschale und den Zimtstangen in einen Topf geben und bei mittlerer Hitze bis kurz vor den Siedepunkt erhitzen. Anschließend vom Herd nehmen und 40 Minuten lang ziehen lassen. Durch ein Sieb in eine große Schüssel gießen und die festen Bestandteile entsorgen, den Weinbrand unterrühren.

In einer separaten Schüssel die Eiweiße und die restlichen 50 g Zucker mit dem elektrischen Handrührgerät steif schlagen. Behutsam unter die Milchmischung heben.

Die Masse in eine flache Schale gießen und für 2–3 Stunden ins Tiefkühlfach stellen, bis sie an den Rändern gefroren ist. Herausnehmen, mit dem elektrischen Handrührgerät einmal durchrühren und wieder einfrieren. Diesen Vorgang 2- bis 3-mal wiederholen. (Alternativ können Sie die Masse auch in einer Eismaschine nach Gebrauchsanweisung zu Eiscreme verarbeiten.)

Zum Servieren jeweils eine große Kugel Eiscreme in 4 Dessertgläser geben. Über jede Portion eine Tasse Espresso gießen und nach Belieben mit Mandelkrokant servieren.

Register

VERLAGSGRUPPE PATMOS

PATMOS
ESCHBACH
GRÜNEWALD
THORBECKE
SCHWABEN

Die Verlagsgruppe
mit Sinn für das Leben

MIX
Papier aus verantwortungsvollen Quellen
FSC® C004592

Für die Schwabenverlag AG ist Nachhaltigkeit ein wichtiger Maßstab ihres Handelns. Wir achten daher auf den Einsatz umweltschonender Ressourcen und Materialien.

First published by HarperCollins Publishers Australia Pty Limited, Sydney, Australia, in English in 2014.
This German edition published by arrangement with HarperCollins Publishers Australia Pty Limited.

Umschlaggestaltung: Finken & Bumiller, Stuttgart
Fotos: Brett Stevens, Ian Wallace
Satz: Schwabenverlag AG, Ostfildern
Druck: Firmengruppe APPL, Wemding
Hergestellt in Deutschland
ISBN 978-3-7995-1071-4